Für das Gelingen des Buches danke ich
Biggi und Frau Christine P.,
die alle Gespräche
mit viel Verständnis begleitet hat.

W0354081

INHALT

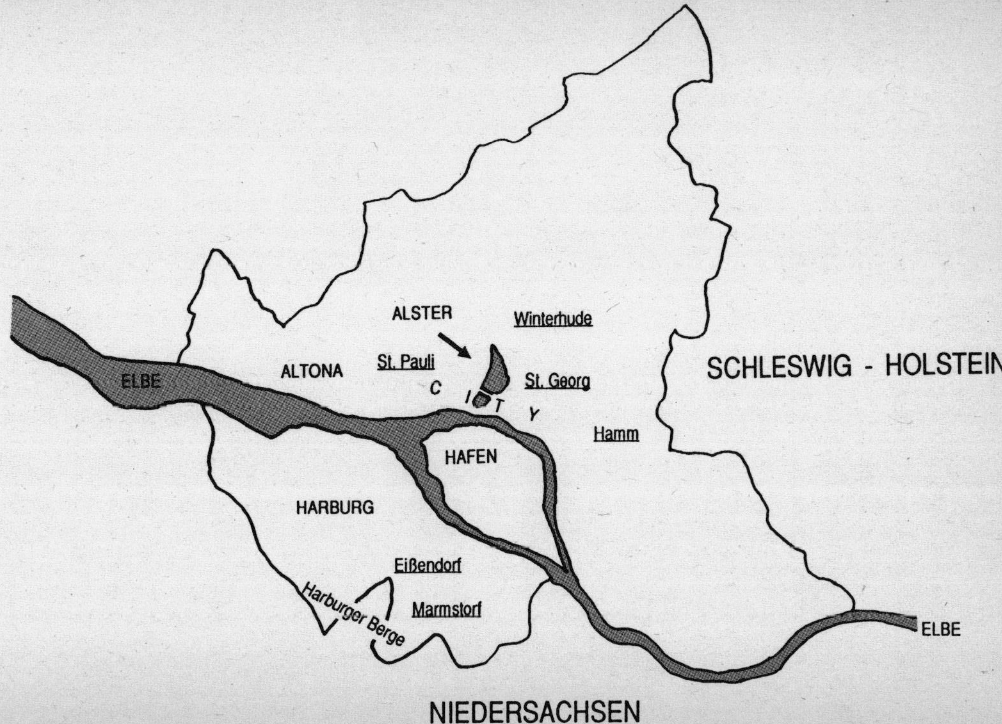
SCHLESWIG - HOLSTEIN
ALSTER
Winterhude
St. Pauli
ALTONA
St. Georg
ELBE
C
I
T
Y
Hamm
HAFEN
HARBURG
Eißendorf
Marmstorf
Harburger Berge
ELBE
NIEDERSACHSEN

Eros-Center April 1983

Ein Freier - biederer Familienvater mit Kinderbildern in der Brieftasche - betritt den Kontakthof des Eros-Centers und geht auf die zwanzigjährige überschlanke Hure Biggi zu. Sie werden sich schnell handelseinig. In dem muffig riechenden, schäbigen Zimmer gibt er zu verstehen, daß er »mystisch drauf« sei.

Biggi akzeptiert. Es ist nicht ihr erster Kunde, der die Verbindung von Okkultismus und perversem Sex sucht.

Der Mann nimmt Platz und beginnt zu erzählen, von Abtreibungen und wie die toten Seelen der Kinder sich gegenseitig quälen, wie sie verzweifelt schreien.

Biggi wird kreidebleich. Sie hat ihre drei Abtreibungen immer versucht zu verdrängen. Trotzdem muß sie häufig an die toten Kinder denken. Entgegen allen Kiezregeln - immerhin hat der Kunde bezahlt - will sie den Mann rausschmeißen. Aber er ist heute ihr erster Freier, und schließlich hat sie schon sechs Stunden unten in der Kälte gestanden . . .

Der Mann hat sich in seinen mystischen Wahn inzwischen so hineingesteigert, daß er nur noch murmelt: »Es gibt keine Vergebung. Es gibt keine Vergebung . . .« Biggi möchte losschreien, spielt dann aber wieder die Coole, Unerschrockene, Überlegene. Heulen kann sie erst, wenn alles »gelaufen« ist. ›Wenn der Mann nur endlich aufhören würde zu quatschen‹, denkt sie. ›Das, was er Liebe nennt, geht schnell. Schließlich bin ich seit drei Jahren Profi . . .‹

Als der Mann endlich das Zimmer verlassen hat, schaut Biggi in ihren Schminkspiegel und fragt sich: ›Wer ist diese Frau mit den toten Augen? Und wer bin ich eigentlich?‹ . . .

Eine Hure wartet auf »Freier«, vor dem Eros-Center

Die verweigerte Kindheit

Zwanzig Jahre alt . . . Wie kommt Biggi, mit bürgerlichem Namen Brigitte K., geboren am 24. April 1963, auf die Reeperbahn?

Ihre Kindheit ist ihr verweigert worden. Als kleines Mädchen hat sie nicht das Gefühl, ein Kind zu sein, erinnert sich nicht an Freude, Lachen, Spiele, Zuwendung der Eltern.

Ihr Vater ist Schlachter und Amateurboxer. Sie wohnen in einem Arbeitervorort, Hamburg-Harburg. Wenn die Mutter von zu Hause weggeht, schließt sie die Kinder hin und wieder ein, in zwei verschiedene Zimmer. Einmal, als sie wieder eingesperrt sind, ruft die Schwester Angelika: »Ich muß, ich muß!« Was soll Biggi tun? Angelika fängt an zu weinen. Da muß Biggi auch weinen. Sie schreien aus dem Fenster: »Hilfe, ich muß auf Toilette!«

Dann steht Biggi wie versteinert da und denkt über die erste Frage ihres Lebens nach: ›Warum bin ich so alleine?‹

Nach drei Tagen werden die wimmernden Kinder durch die Feuerwehr befreit.

Außer an ein Leberwurstessen auf schäbiger Papierdekke zu Weihnachten und an einen Puppenwagen vom letzten, nicht vertrunkenen Geld des Vaters erinnert sich Biggi an nichts Schönes in ihrer Kindheit. Ihre erste klare Erinnerung hat sie daran, daß ihr Vater sie gewaltsam vom Schoß der Mutter reißt, weil die Mutter mit einem Türken fremdgegangen ist.

In Minuten verwandelt sich die Wohnung in einen Trümmerhaufen. Alles wird dunkel vor Biggis verheulten Augen. Überall in der Wohnung liegen Scherben, wie in

Biggis Herzen. Der Vater, einst befreundet mit so manchem Zuhälter auf St. Pauli, kommt fort ins Gefängnis. Er hat aus Hilflosigkeit, Verzweiflung und der Unfähigkeit, Liebe zu zeigen, die Mutter halbtot geprügelt. Vielleicht hat er auch nie gelernt, zwischen Liebe und Besitz zu unterscheiden.

Biggi und Angelika werden von den Großeltern, den Eltern des Vaters, geholt. Bei ihnen wachsen sie die nächste Zeit auf. Biggi erinnert sich nur an Dunkelheit. »Ich habe meine Kindheit nie richtig erlebt. Ich war Ballast. Schon als Dreijährige fühlte ich mich überflüssig.«

Da ist noch die Schwester. Aber sie bekommt immer alles, jedenfalls empfindet Biggi das so. Die Großeltern ziehen Angelika in krasser Weise vor, sehen in ihr die liebe, nette und hübsche Enkelin, in Biggi dagegen das häßliche Entlein.

Früh fragt sich Biggi, warum es sie überhaupt gibt. Die Großeltern machen Biggi immer wieder klar, daß sie nichts könne, außer ihren Teller und den ihrer Schwester zu leeren. (Selbst das Erbrochene ihrer Schwester muß sie essen!) So wird Biggi früh dick. Sie ißt alles auf, was die Schwester angeblich nicht mehr mag, um wenigstens so etwas Anerkennung zu finden. »Die kleine Dicke ißt immer alles schön auf.« Das ist das einzige zweifelhafte Lob, das sie bekommt.

Hier liegen die Wurzeln dafür, daß Biggi später als erwachsene Frau immer sehr dünn sein will, was bis zu dem Zwang geht, nach jedem Essen zu erbrechen.

Wenn die Schwester etwas mitgebracht kriegt, muß Biggi vor die Tür gehen, damit bei den Schenkenden kein schlechtes Gewissen aufkommt. Die Schwester steht im Mittelpunkt, sie scheint alles zu haben, alles zu können - Biggi nichts.

Nach seiner Entlassung aus dem Gefängnis kommt der

Vater ab und an zu Besuch. Biggi empfindet ihn wie einen Fremden, der mal vorbeikommt, um ihr sein Mitleid zu zeigen. Die Mutter wird sie erst als erwachsene Frau wiedersehen.

Über ihre Mutter wird immer nur in abfälliger Weise und wie über einen Gegenstand geredet. »Deine Mutter ist dreckig, eine Schlampe!« schreit der Vater. »Deine Mutter hat gesagt, sie geht arbeiten, und dann ist sie mit Männern ins Bett gegangen«, erzählt die Großmutter. Bald sieht Biggi ihre Mutter »als eine ganz Schlimme«, eine Frau, die ekelhafte Sachen macht.

Und dann heißt es immer: »Du wirst wie deine Mutter.« Wenn sie ihre Sachen nicht aufräumt: »Du bist doch wie deine Mutter! Und warum lügst du? Wie deine Mutter!« - »Du siehst aus wie deine Mutter!« - »Du benimmst dich wie deine Mutter!« . . .

Allmählich glaubt Biggi selbst, daß sie so schlimm ist wie angeblich ihre Mutter. In Wirklichkeit ähnelt aber die Schwester der Mutter, äußerlich und innerlich. Biggi dagegen hat mehr von ihrem Vater. Warum wird gerade sie mit der Mutter identifiziert? Und warum lehnt der Vater sie ab? Wo sie ihm doch ähnlich ist. Weil er sich selbst nicht lieben kann?

Wie schafft es die Schwester, beliebt zu sein? Biggi empfindet sie als falsch, stets auf ihren Vorteil bedacht. Sie kann ihre Schutzbedürftigkeit besser zeigen als Biggi und sich beim Vater einschmeicheln. Von ihr gibt es Babybilder, von Biggi nicht. Die kleinere Schwester ist immer nur »das geplatzte Gummi« (Präservativ), das hätte »abgetrieben werden müssen«, wie sich ihre Großmutter ausdrückt. Der Vater hat beide Töchter als »Unfall« betrachtet, aber als er seine erste im Wäschekorb liegen sah, fand er sie doch ganz niedlich. Mit dem zweiten »Unfall« konnte er sich dann nicht mehr abfinden.

Früh lernt Biggi, sich durchs Leben zu boxen, wirkliche Gefühle zu verstecken. Vielleicht hat der Vater deshalb stets Schwierigkeiten mit ihr. Schließlich wird sie auch wie ein Junge gekleidet. Nur die Schwester darf rote oder rosa Schuhe tragen. Biggi hätte auch so gerne welche gehabt, aber sie muß mit blauen vorliebnehmen.

Schließlich wird es den Großeltern zuviel. Die beiden Enkelinnen werden in ein Heim gebracht. Die Schwester als Tageskind, Biggi ganz. Die neue Umwelt erlebt sie als Hölle. Alle acht Stunden wechseln die Bezugspersonen. Keiner hat Zeit für sie. Unter den Kindern gibt es kein Gemeinschaftsgefühl, jeder kämpft gegen jeden. Abends steht sie wieder einsam am Fenster. Ihr Blick wird ausdrucksloser, gefühlloser. Es ist derselbe Blick, mit dem sie später in den Fenstern der Herbertstraße sitzt, wenn die Freier sie gierig begaffen. Wer Biggi als Mensch ist, sieht niemand.

Der Vater verbringt seine Zeit mit Boxen und Trinken. Hin und wieder überkommen ihn Gefühle für seine Kinder. Dann sieht er deutlich seine Erziehungsfehler und die der Großeltern. Sein schlechtes Gewissen und seine ganze Hilflosigkeit läßt er lautstark an seinen Eltern aus.

Nach sechs Monaten holt er die Kinder aus dem Heim. Von nun an fühlt sich Biggi bei den Großeltern geduldet, aber nicht geliebt. »Ich habe meinen Körper gespürt, aber ich hatte keine Beziehung mehr zu meinem Leben. Ich wollte immer Liebe geben, aber ich wußte nicht, wie. Ich konnte zu niemandem eine richtige Beziehung aufbauen.«

Der Vater wohnt jetzt auch bei den Großeltern. Immer muß Biggi mit dem Abendessen warten, bis er nach Hause kommt. Stets ist er unpünktlich und häufig angetrunken und schlechter Laune. Dann kümmert er sich nicht um die gemeinsame Mahlzeit, und Biggi hat umsonst gewartet. In diesem Zustand wirft er einmal ein Messer nach ihrer Schwester. ›Kann das noch mein Vater sein?‹ fragt sich Biggi.

Schließlich bringt der Vater eine neue Frau mit nach Hause, eine Arzttochter, aufgetakelt und blond gestylt. Sie geht so kalt auf Biggi zu, daß das Mädchen sich bedroht fühlt und losschreit. Die beiden Kinder sind für diese Frau lästige Anhängsel ihres Geliebten. Mit unfreundlich hingehaltenen Geschenken will sie sie »kaufen«. Biggi schmeißt die Sachen in die Ecke.

Schon bald jedoch verletzt die »Frau aus gutem Hause«, wie sie sich selbst bezeichnet, den Stolz des Vaters so gründlich, daß er sie hinauswirft.

Kurze Zeit später lernt Biggi ihre spätere Stiefmutter kennen. Als diese Frau das erste Mal die Wohnung betritt, hat Biggi nur einen Gedanken: ›Die soll meine Mama sein.‹ Vom ersten Tag an hat sie sie lieb und sagt »Mama« zu ihr. Sie schneiden Anziehpuppen aus, spielen gemeinsam, fahren in den Urlaub. Als der Vater und die Stiefmutter heiraten, sind die beiden Schwestern ganz aus dem Häuschen. Endlich wieder eine Familie!

Biggi ist fünf, ihre Schwester sieben Jahre alt.

Die neue Frau bringt auch einen kleinen Jungen mit in die Ehe, Peter. Er ist so alt wie Angelika. Biggi darf bei ihm im Bett schlafen. Das sieht sie als großes Vorrecht an und ist begeistert: Endlich teilt jemand etwas mit ihr!

Einmal am Mittagstisch streiten sich die Kinder, wessen Mutter nun die Frau am Herd sei. Als diese den Mädchen zuflüstert: »Ich bin auch eure Mama«, atmet Biggi befreit auf. Endlich gibt es jemanden, der zu ihr gehört und sich zu ihr bekennt. Sie ist jetzt genausoviel wert wie ihre Schwester. Die neue Mama gibt beiden die gleichen Liebe und zieht auch Peter nicht vor.

Als Biggi in die Schule kommen soll, würde sie lieber zu Hause bleiben, bei der neuen Mutter. Unbekannte Menschen bedeuten, daß sie wieder verletzt werden kann.

Doch schon bald lernt sie Frank kennen, einen ebenso niedlichen wie pfiffigen Mitschüler. Hand in Hand gehen sie zur Schule. »Den mochte ich ganz doll, der war etwas Besonderes.« Beziehungen zu Jungen entstehen schnell, mit Mädchen kann Biggi wenig anfangen. Stets herrscht Konkurrenzdenken. Auch später noch wird sie es schwer haben, sich anderen Frauen zu öffnen. Zu flüchtig war die Beziehung zu ihrer leiblichen Mutter, zu lange hat sie sich in der Familie als Mädchen nicht angenommen gefühlt.

»Ich wollte nicht als schwach dastehen. Ich hatte immer eine große Klappe, war frech, habe mich geprügelt wie ein Junge. Ich war immer die Starke und die Tolle - mit der man Blödsinn machen konnte.«

Es fällt ihr auch schwer, andere Mädchen zu akzeptieren. »Ich fand die immer zickig, so komisch - eifersüchtig und arrogant. Sie haben gebissen und gekniffen, mit ihnen wollte ich mich nicht gleichstellen.«

In den ersten Grundschuljahren ist Biggi eine gute Schülerin. Für Schwächere setzt sie sich ein. Wenn behinderte Kinder auf der Straße gehänselt werden, stellt sich Biggi auf ihre Seite, indem sie ihnen etwas scheu zuwinkt und ihnen als einzige von ihren Bonbons abgibt. Wenn andere Kinder Behindertenwitze erzählen oder Sachen von behinderten Schülern verstecken, hilft ihnen Biggi und verrät, was die anderen Kinder vorhaben.

Biggis Familie. Vorne (von links): die zweite Mutter, die Schwester Angelika, Biggi; dahinter: der Stiefbruder Peter, der Vater

Obwohl sie die Jüngste ist, setzt sie sich durch und schlägt zurück, wenn es sein muß. Selbst den älteren Bruder verteidigt sie, wenn er angegriffen wird.

Als Biggi in der dritten Klasse ist, zieht die Familie um, weil die Wohnung zu klein geworden ist. Biggi verliert ihre Freunde. Endlich hat sie Menschen liebgewonnen, jetzt muß sie sich in einer ganz neuen Umgebung zurechtfinden.

»Du wirst in die neue Klasse reingeführt, alles glotzt dich an, und du sitzt da mit hochrotem Kopf, total schüchtern und klein, und weißt nicht, was du sagen sollst.« Auf einmal kann sie nichts mehr. Ihr Selbstvertrauen scheint unterwegs verlorengegangen zu sein.

Der Vater reagiert mit Vorwürfen und dem niederschmetternden Urteil: »Du bist eben bescheuert und dumm.«

Von dem Zeitpunkt an hört Biggi auf, sich in der Schule Mühe zu geben. Die Hefte sind schlampig geführt. Das ausgeglichene Schriftbild wird zur Klaue. Die Bücher sehen ausgefranst und verschmiert aus. Das Schulbrot vergammelt wochenlang im Ranzen. Aus der selbstbewußten Schülerin ist eine apathische graue Maus geworden. Von ihrer Mutter kommt auch keine Hilfe, weil Biggi zu verschlossen ist, ihre Angst und Unsicherheit nicht mitteilen kann. Sie versteht sich selbst nicht. Wie soll sie anderen erklären, was mit ihr los ist?

Eines Tages auf dem Weg von der Schule nach Hause - Biggi singt gerade ein Lied - biegt ein Wagen um die Ecke. Ein Mann in mittlerem Alter steigt aus, stellt sich breitbeinig vor das Mädchen und öffnet seine Hose. Biggi schämt sich, erzählt niemandem etwas, tut so, als sei nichts gewesen. Warum tun Männer so etwas? Der Vater würde sie nicht verstehen, würde doch nur wieder »ausrasten« und sie verdreschen.

Samstags müssen Biggi und ihre Schwester immer die Wohnung saubermachen. Am Tag nach dem Erlebnis mit dem Exhibitionisten - der Vater hat Nachtschicht und schläft den Tag über - wollen sie ihn nicht stören und warten lieber, bis er aufgewacht ist. »Wir hatten so ein Häuschen, das Schlafzimmer war direkt hinter der Wohnküche. Wenn man da richtig saubergemacht hätte, herumgescheppert, dann wäre er aufgewacht.«

Obwohl sie sich also leise verhalten, wacht der Vater auf. Er versteht die Situation falsch, befiehlt den Mädchen, sich auszuziehen und verprügelt sie mit einem Ledergürtel. Offensichtlich hat er getrunken. Sein Gesicht verändert sich, während er zuschlägt. Er scheint dabei Befriedigung zu empfinden. Zum ersten Mal erlebt Biggi die Verbindung von Gewalt und perversem Sex. Hinterher weint er, kann es nicht fassen, was er getan hat.

Biggi denkt: ›Das ist doch nicht dein Vater. Das hast du mal in der Zeitung gelesen, im Fernsehen gesehen, aber so was macht doch dein Vater nicht. Das kann nicht sein. Das ist nicht die Wahrheit.‹

Beim Turnen kann sie jetzt nicht mitmachen, weil sie überall grün und blau ist. Abends kuschelt sie sich schnell unter die Bettdecke, damit ihre Mutter nicht sehen kann, was passiert ist.

Der Vater hat zwei Gesichter. Sonntags geht er mit den Kindern Pilze sammeln oder Beeren pflücken. Bei Gewitter nimmt er die verängstigten Mädchen in den Arm. »Aber wenn er etwas getrunken hat, ist er ausgetickt. Hat immer herumgeschrien, gepöbelt, war aggressiv. Er hat richtig nach Streit gesucht, ganz mies.« Der Vater ist unfähig, Angst und Hilflosigkeit einzugestehen. Er kann keine Liebe weitergeben. Immer wieder schlägt er mit der Faust so zu, daß Biggi ohnmächtig wird. Das schlechte Gewissen führt dann zu neuer Gewalt.

Biggi hat immer wieder Alpträume. Darin sieht sie ihr Leben als nie enden wollende Spirale von Gewalt und Dunkelheit. »Dämonen bedrohten mich im Traum. Einer von ihnen wollte mich heiraten. Dann sollte ich umgebracht werden. Aber ich sah immer wieder eine Gestalt, die mich aus allem rausholte.«

Am Tage erhalten die Träume einen zusätzlichen handfesten Hintergrund. Mehrere Mädchen halten Biggi nach der Schule fest, während ein anderes auf sie einschlägt. Sie solle Geld mitbringen, sonst werde alles nur noch schlimmer. Biggi läßt sich erpressen und bezahlt.

Nach Monaten kommt Biggis Schwester dahinter und ermutigt sie, sich endlich zu wehren. »Eines Tages nach der Schule sollte das wohl wieder passieren, da habe ich sie mir gegriffen und verprügelt. Ich habe die so verhauen, das muß schlimm gewesen sein. Dann war Ruhe.« Zum ersten Mal findet sie Anerkennung in der neuen Klasse. Sie merkt sich: Wenn sie Gewalt anwendet, kriegen die anderen Respekt vor ihr. »Ich ließ mir nichts mehr gefallen, nichts mehr bieten. Ich haute alles um, was mir im Weg stand. Wenn jemand eine andere Meinung hatte als ich - da gab es erst einmal ein Veilchen für.« Biggi ist innerlich abgestürzt und von jetzt an unfähig, gleichberechtigte Beziehungen zu Menschen zuzulassen. Sie muß immer die Überlegene sein. Innerlich ist sie sensibel, ängstlich und menschenscheu, nach außen immer cool. Die lange verweigerte Anerkennung holt sie sich mit Gewalt.

Wie es in ihrem Inneren aussieht, weiß keiner. Sie schreibt heimlich Gedichte, liebt die Natur, den Himmel, die Wolken, liegt im Gras und betet zu Gott, von dem sie kaum eine reale Vorstellung hat. Sie springt durch Wiesen und über kleine Bäche und wünscht sich, daß ein Engel zu ihr kommt.

Im Fernsehen sieht sie mit Vorliebe Naturfilme. Die Menschen darin scheinen frei und glücklich zu sein. So will sie auch leben. Aber die Natur in ihrer näheren Umgebung wird mehr und mehr zu Baugrundstücken umfunktioniert. »Wenn immer wieder ein neues Stück zugeschüttet wurde, litt ich mit der Natur. Mein Leben war ja auch Stück für Stück verschüttet worden.«

Mit dreizehn Jahren will sich die Schwester wegen eines Mannes das Leben nehmen. Biggi denkt nur: ›Die spinnt. Mit dem Tod kann doch nicht alles aus sein. Da liegt doch nicht die Lösung.‹

Ein neuer Umzug innerhalb von Hamburg entspannt die dramatische Situation vorläufig. Biggi ist inzwischen elf Jahre alt. Sie fängt an zu rauchen, »weil das alle tun«.

»Du siehst aus wie . . .!«

In dieser Zeit lernt Biggi ihre Oma, die Mutter ihrer Stiefmutter, kennen und lieben. Sie gehört zu den wenigen Menschen, die Biggi respektieren. Endlich ist da noch jemand, der ihr zuhört, sich Zeit nimmt, und sei es nur beim gemeinsamen Puddingkochen, und vor allem jemand, der ihre Schwester nicht unbesehen vorzieht.

»Eines Tages kam die Nachbarin, da hatten wir noch kein eigenes Telefon, und fragte, ob meine Mutter da ist und mein Vater. ›Nee, die sind nicht da. Was ist denn los?‹ – Da sagte die Nachbarin nur: ›Wenn sie kommen, dann sollen sie ganz dringend rüberkommen.‹

Dann ist meine Mutter rüber und kam ganz eigenartig wieder. Hat nichts gesagt und uns gleich ins Bett geschickt. Da lag ich unter der Bettdecke und hatte so ein komisches Gefühl, Vorahnungen. Ich lag und wartete darauf, daß etwas passierte, daß etwas kam. Es kam nichts.

Am andern Morgen wollten wir zur Schule. Ich bin ins Schlafzimmer gegangen: ›Mutti . . .‹ Meine Mutter sah ganz schlimm aus, sie hatte ganz dicke Augen. Sie sagte: ›Ihr geht heute nicht zur Schule. Oma ist tot.‹

Da ging ich rauf in unser Zimmer. Ich wollte von niemandem mehr etwas wissen. Innerlich weinte ich. Aber es kamen keine Tränen. Richtig weinen – das konnte ich damals schon nicht mehr.«

Biggi ist bei der Beerdigung dabei. Sie fragt sich, was das überhaupt ist – Tod? Das Leben nach dem Tod?

Sie hat jetzt eine neue Freundin. Sabine ist ein kleines, nicht gerade hübsches Mädchen. Aber ihr Vater geht liebevoll mit seinen Kindern um, spielt mit ihr und Biggi. Und außerdem gibt es da noch ein »knuddeliges« Baby, Sabines Schwester. Biggi beneidet sie um ihr Glück, will ein kleines bißchen davon abhaben.

Kurz nach dem Tod der Oma stirbt Sabines Vater. Biggi leidet mit ihrer Freundin, kann aber diese neue Verlustsituation eigentlich nicht mehr verkraften. Warum gibt es scheinbar nichts und niemanden, der bleibt?

Mit zwölf Jahren macht Biggi ihre ersten sexuellen Erfahrungen, mit Mädchen. Wer wie sie stets so eine große Lippe riskiert, der muß auch hier mitmachen, denkt sie, und außerdem machen es doch alle. Jedenfalls reden sie so. Biggi heute: »Da sind ganz ekelhafte Sachen abgelaufen, gerade zwischen Mädchen. Danach konnte ich erst mal mit Mädchen nicht mehr zusammen sein.«

Bevor diese Erfahrungen auf andere Art ihre Fortsetzung finden, reist Biggis Familie nach Italien. Es sind die drei schönsten Wochen ihres bisherigen Lebens. Endlich erleben sie zusammen Gemeinschaft, Freude, Verstehen, Zeit-füreinander-Haben, In-der-Sonne-Liegen.

Biggi genießt den Urlaub in vollen Zügen. Aber es ist eine Illusion auf Zeit, eine Flucht vor dem Alltag und seinen Anforderungen. Nach der Rückkehr beginnt der alte Streit von vorne.

Erneut zieht die Familie um, dieses Mal nach Eisendorf bei Hamburg-Marmstorf. Hier knüpft Biggi erste Kontakte zur Rocker-Szene. Sie fühlt sich häßlich, lächerlich, gemein und fängt zu trinken an. Gefühle wie Neid und Eifersucht quälen sie. Mofafahren in Cordjeans, die jeden Nachmittag enger genäht und vor dem Nach-Hause-Kommen wieder aufgetrennt werden, bestimmen ihre Freizeit. Und Stefan, ihre erste unglückliche Liebe.

Mit vierzehn lernt Biggi Hans kennen. Er erzählt ihr als erster von Huren und ist gleichzeitig der erste Mann, der ihr Äußeres lobt. »Mit der Figur kannst du Geld verdienen!« Das zweifelhafte Lob beeindruckt Biggi. Hans animiert sie zum Trinken. Biggi erlebt ein Wechselbad von Angst und Großmäuligkeit.

In dieser Zeit lernt sie auch Frank kennen, den Bruder von Angelikas Freund. Sie findet ihn toll, weil er singen kann wie der Sänger von »Queen«. Im Grunde weiß sie, daß er schon viele Mädchen hatte und daß es nichts Richtiges ist mit ihnen beiden. Aber sie mag ihn, denkt vielleicht auch, es sei Liebe. Von den anderen ihrer Clique hört sie immer wieder, daß »es« doch dazugehöre. Schließlich passiert »es« dann auch. Frank schließt sich mit Biggi ein. »Meine Schwester stand draußen vor der Tür, ich war voll betrunken. Ich habe da gelegen, und meine Schwester hat vor die Tür gehauen und gerufen: ›Komm da raus!‹«

Biggi will nicht aus dem Zimmer gehen, obwohl sie große Angst hat. Endlich gibt es etwas, was sie der Schwester voraushaben kann, denkt sie. Endlich ist sie ihr einmal überlegen. Die andern in ihrer Clique haben alle schon einen festen Freund, sie fühlen sich toll deswegen und werden anerkannt. Biggi hält sich für eine Spätentwicklerin. Sie hat noch keinen Busen und ist daher laut BRAVO und anderen Teenie-Blättern »unnormal zurückgeblieben«. Als einzige in ihrer Clique hat sie bisher nicht mit einem Mann geschlafen. Sie will endlich auch als Frau gelten, will etwas in der Schule erzählen können.

Als Frank fertig ist, steht er auf und hat nur Verachtung für Biggi. »Wenn du ein Kind kriegst, dann wandere ich sowieso aus.« Damit ist die Beziehung für ihn abgehakt. Aber am nächsten Morgen tönt er in Marmstorf an jeder Ecke herum, über seinen Erfolg in Biggis Bett. ›Das kann es doch nicht sein‹, denkt das enttäuschte Mädchen. Nach außen läßt sich Biggi nichts anmerken, aber innerlich fühlt sie sich beraubt und leer.

In der Öffentlichkeit spielt sie um so mehr die coole Harte. Als ob sie nichts mehr treffen könnte. Vor allen Leuten haut sie Frank im Imbiß an: »He, brauchst nicht auszuwandern. Ich hab meine Regel.« Das bringt ihr Anerkennung, läßt sie dazugehören und ein wenig wichtig erscheinen.

Verhaltensweisen, Sprache und Aussehen müssen in der Rocker-Clique uniform sein. Sie fahren Motorrad, tragen Lederkleidung und enge Jeans, an denen sich alles abzeichnen muß. Sie trinken nur Bier, rauchen viel und kauen stundenlang Kaugummi, wie die Helden in amerikanischen Filmen. Wie sie geben sie sich abgebrüht und stark. Abends brechen sie in Schrebergartenkolonien ein oder gehen in Discotheken. Von diesen abendlichen »Vergnügungen« wissen Biggis Eltern nichts. Biggi lockt das Abenteuer. Sie versucht, die innere Leere mit etwas zu füllen. »Das faszinierte mich so – große Maschinen und Lederklamotten. Alleine schon auf dieser Maschine zu sitzen und durch Wilhelmsburg zu fahren! Alle Leute sagen: ›Die Rocker kommen!‹ Ich mit meiner kleinen Lederjacke – das schmächtige Biggilein. Trotzdem war die Lederjacke bestimmt zu groß, und es sah ganz albern aus. Aber ich fühlte mich riesig. Da war auf einmal so eine Art Bestätigung.«

Als der Schulabschluß näherrückt, entschließt sich Biggi, Kfz-Mechanikerin zu werden. Basteln an Motorrädern und Autos, das würde ihr Spaß machen, und außerdem hatte ihr Bruder Kfz-Mechaniker gelernt. »Ich wollte etwas nicht Alltägliches, keinen typischen Frauenberuf lernen.«

Der Vater ist jedoch dagegen, und so lernt Biggi Schuhverkäuferin.

Zuerst rebelliert sie gegen den fremdbestimmten Weg. Doch dann wirft sie ein Unfall aus der Bahn. Ihre Freundin Uta kommt bei einem Mofa-Unglück ums Leben. Uta war ihre Schul- und Cliquenfreundin. Sie hat Biggi viel von sich erzählt, weil sie ihr auf den stundenlangen Spaziergängen durch den Stadtpark geduldig zuhörte. Biggi selbst konnte und wollte sich nicht öffnen, erlebte aber Utas Vertraulichkeit als Geschenk. Ihren Tod kann Biggi nicht verstehen und beginnt, sich mit mystischen Dingen zu beschäftigen. Sie versucht, sich den Tod vorzustellen. Verläßt die Berufsschule während des Unterrichts und läuft zum Friedhof. In dem Grab da unten kann Uta nicht wirklich sein. Aber wo denn sonst? Nach Pendeln, Horoskope-Anfertigen und Meditationen auf dem Friedhof erscheint ihr ein Uta-gleicher Dämon in Lebensgröße. Biggi packt so etwas wie Verfolgungswahn. Sie geht zum Neurologen. Der kann ihr auch nicht helfen.

Mit dem Gefühl, »daß immer einer hinter mir her war«, geht Biggi das erste Mal über den »Kiez«, das Prostitutions- und Drogenmilieu, nach St. Pauli. Die Warnungen anderer quittiert sie mit einem müden Lächeln.

Sie hat zu nichts mehr Lust, schwänzt häufig die Berufsschule, versucht im Laden, andere mitzuziehen zum Bummeln, Pausenüberziehen, Krankfeiern ... Bis ihr junger Chef sie zu sich ruft, ihr die Leviten liest und noch einmal eine Chance gibt. Biggi mag ihren Chef und nimmt sein Angebot an.

Von da an gibt sie sich Mühe, kommt immer pünktlich, steht gut vor den anderen da, und auf einmal beginnt selbst der ungeliebte Beruf ihr Spaß zu machen.

Die Eltern haben Biggi wegen des Schwänzens das Vertrauen entzogen. Als sie in Urlaub fahren, muß Biggi bei der ungeliebten Großmutter wohnen. Diese versucht wieder, sie gegen die Stiefmutter aufzuwiegeln. Dabei weiß sie: Diese zweite Mutter hat für die Kinder alle eigenen Ansprüche aufgegeben und geht sogar nachts putzen.

Als die Eltern zurückkommen, treibt der häusliche Kleinkrieg auf neue Höhepunkte zu. Regelmäßig geht vom Vater Streit aus. Die Mutter ist traurig und nahe daran, aufzugeben. Sie meint, es sei das Schicksal der Frauen, zu leiden. Biggi denkt: ›So werde ich wohl auch enden. Es gibt keine wirkliche Liebe. Es gibt nur ein Verliebtsein am Anfang, und dann geht alles kaputt. Die Liebe existiert nur im Film.‹

Der Vater fordert, Biggi solle endlich einen Mann nach Hause bringen. Nach einem zweifelhaften Männlichkeitsideal zeichnet er das Bild eines Traumschwiegersohns – einer, der raucht, trinkt, Karten spielt, sich schlägt. Biggi denkt: ›Das sind doch keine Menschen.‹ Vor Wut reißt sie einmal die Lampe herunter. Von nun an will sie dem Vater nur noch solche Freunde präsentieren, die er nicht mag, egal ob sie sie liebt oder nicht. Erregt beschimpft der Vater Biggi, ohne zu wissen, welchen Weg er damit weist: »Du siehst aus wie 'ne Nutte!«

»Das hat er mehrmals gemacht. Nur, weil ich mich ein bißchen geschminkt habe. Das tat mir total weh. Empörung kam in mir hoch. Wie kann er mich so beschimpfen? Aber ich hatte auch so einen Stolz: Du konntest vor mir stehen, du konntest mich anschreien, du konntest mir echt ins Gesicht schlagen – ich habe dich frech angeguckt und gegrinst. Trotzdem – ich war so verletzt. Aber ich habe es ihm nicht gezeigt. Und dann kriegte ich immer mehr Wut und Zorn. Immer mehr.

Irgendwie identifizierst du dich aber auch damit, wenn du so was immer hörst. Wie wenn du eine Sache auswendig lernst. Du liest etwas fünfmal durch, zehnmal – beim zwanzigsten Mal ist das drin im Kopf. Das geht dann auch ins Gefühl. ›Du siehst aus wie ’ne Nutte!‹ Irgendwann denkst du: ›Ja, und!? Dann sehe ich eben so aus!‹«

Einmal machte ihr der Vater wieder diesen Vorwurf. Und: »Du kannst nicht mal richtiges Deutsch sprechen! Du bist ’ne Schlampe, wie deine Mutter. Guck gefälligst nicht so wie deine Mutter!« Dann packt er Biggi am Hals, drückt sie an die Wand und versucht, ihr den Kehlkopf zu zerquetschen. In ihrem Kopf kreist nur ein Gedanke: ›Mein Vater ist ein Mörder!‹

Schließlich läßt er das schreiende Mädchen los, betrinkt sich, streitet später alles ab. Obwohl ihn sichtlich ein schlechtes Gewissen plagt, kann er sich nicht entschuldigen. Mit wessen Vergebung soll er auch rechnen? Woher soll er Kraft zur Umkehr nehmen? Und Biggi? Auch sie kann diese Erfahrung nur in sich hineinfressen.

Die Lehre ist fast beendet, Biggi ist gerade siebzehn Jahre alt, da steht auf einmal ihre leibliche Mutter vor ihr im Schuhgeschäft: »Ich bin deine Mutter.« Biggi vermag nicht zu reagieren. Sie kann keine Beziehung aufbauen zu der fremden Frau, die ihr in der folgenden Zeit immer nur Geld zusteckt und versucht, die vermeintlich fünfzehn Jahre lang versäumte Erziehung in wenigen Wochen nachzuholen. Diese Frau bleibt für Biggi Marianne, aber nicht ihre Mutter.

Nach der mit »gut« abgeschlossenen Lehre spricht der Vater ganz anders von nunmehr »seiner Tochter«. Jetzt kann er nicht mehr sagen: »Du bist ja bescheuert, Biggi!« Sie lernt dann in kürzester Zeit noch Einzelhandelskauffrau hinzu und will ihr Fachabitur am Wirtschaftsgymnasium nachmachen. Aber der Vater drängt zum Geldverdienen. So verlagert Biggi ihren Lebensschwerpunkt wieder ins Private. Inzwischen gehört sie nicht mehr zu der Rokker-Clique. Sie will von zu Hause ausziehen, in Discos gehen, »nach Hamburg riechen«, genauer, nach St. Pauli: Leute kennenlernen, Abwechslung haben, reiche Männer, pulsierendes, glitzerndes Leben Tag und Nacht ... Und tanzen, das heißt auf der Bühne stehen, sich bewegen, sich frei fühlen, sich mit dem ganzen Körper ausdrücken. »Das war für mich das Größte.«

Die Reeperbahn

Beim Billard lernt Biggi Andreas kennen, einen netten, gleichaltrigen Jungen, den sie einfach mag und der sie auch heute noch besucht. Über die Biggi von damals sagt er: »Sie hatte immer den Drang, mehr darstellen zu wollen, toller zu sein, besser auszusehen als andere. Sie ging häufig in die Disco und war ebenso häufig verliebt. So mit siebzehn ist sie dann immer mehr abgefahren auf die Macho-Art, auf schnelle Wagen, schicke Klamotten, Macht. Sie hat Geld gerochen, und schließlich hat sie aufgehört, sie selbst zu sein.«

Biggi schlendert wieder über die Reeperbahn, schaut sich die Huren an und denkt: ›So schlimm kann das doch alles gar nicht sein.‹ In einer einschlägig bekannten Disco in Harburg lernt sie am selben Abend Reinhard kennen, der ihr einen Piccolo spendiert. »Da bin ich hingegangen und habe mich bedankt und die üblichen Fragen, Adresse und Telefonnummer und diesen Quatsch. Aber ich dachte: ›Nee, überhaupt nichts.‹ Der kam immer wieder. Er beobachtete mich immer beim Tanzen.

Dann kam er eines Tages mit Jens, seinem Freund. Das hätte er lieber mal lassen sollen. Ich sah den Jens, und da war es geschehen um mich. Auf den paar Metern die Treppe runter, wo sie standen, auf diesen Stufen veränderte sich mein Leben. Und ich wußte das.«

Sie weiß, daß Jens ein Zuhälter ist, aber es macht ihr nichts. Ihre Vernunft setzt aus, aber sie überkommt das Gefühl, alles selbst zu lenken. Sie nimmt eine Wohnung in Hamburg und schmeißt die Arbeit im Schuhgeschäft hin. Sie ist in Jens verliebt und will trotzdem in die Prostitution. Noch glaubt sie, daß sie eine »Rückfahrkarte« hat und Jens zur Not austricksen kann, wenn sie nur will.

Das Karussell beginnt sich zu drehen. In kürzester Zeit

arbeitet sie an fünf verschiedenen Stellen. In einer Boutique im Stadtteil St. Georg versteckt sie die Huren des Sperrgebiets vor der Polizei. Als ein reicher, junger Franzose den Laden betritt, kommt Biggi erstmals der Gedanke, es für Geld zu machen. Wenn Jens ihr neuer Gott ist, dann muß ihre Religion Geld heißen.

Zwei Jungen aus ihrer Disco-Clique machen dann den kleinen Maxim-Club auf der Großen Freiheit* auf. Biggi fängt dort als Tänzerin an. Der Traum vom Tanzen erfüllt sich auf ungeahnte Weise. Dann überschlagen sich die Ereignisse. Alles passiert an einem Tag.

»Auf einmal stand ich da auf der Bühne. Wenn du so einen Firlefanz anhast, stehst du mitten im Rampenlicht. Und die ganzen Männer sitzen und gucken dich gierig an. Irgendwie ist das dann Ekel, aber auch Stolz. Ein ganz komisches Gefühl. Du merkst auf einmal, wie du mit deinem Körper Geld verdienen kannst. Wie du die Männer verrückt machen kannst. Wie du auf einmal etwas bist. Und dennoch – du bietest dich an. Du bist vom Fleischmarkt. Du bist auf einmal schmutzig. Die sehen dich ja in dem Moment als Ware an. Ich kann das Gefühl nicht beschreiben. Du kannst um Hilfe schreien, es kann dir keiner helfen, weil dein eigener Verstand dir im Weg steht. Der sagt: ›Na und? Ist doch egal!‹ Deine Gefühle schreien: ›Was tust du? Was tust du hier?‹ Und du drückst es runter. Du sagst: ›Ist doch nicht so schlimm, du bist denen doch überlegen.‹ Du weißt, es ist etwas Schlimmes, was du hier machst. Du willst dich auf einmal entschuldigen, dich rechtfertigen.

Dann fängst du an, dir einzureden: ›Warum nur tanzen? Dann kannst du es auch gleich richtig machen.‹«

* Straße auf St. Pauli

Ein Gast versucht, die neue Tänzerin zu vergewaltigen. Biggi würde ihm am liebsten ins Gesicht kotzen und denkt: ›Was seid ihr Männer für ekelhafte Geschöpfe.‹ Dann schüttelt sie die Angst ab und meldet sich bei Jens, dem sie immer noch verfallen ist: »Ich bin jetzt bereit.« Was das heißt, darüber brauchen sie nicht zu reden. Sie weiß, daß er auch andere Frauen hat, die für ihn »anschaffen gehen«. Das verdrängt sie aber erfolgreich. Bei aller Erniedrigung kommt sie sich sehr wichtig vor.

Als Hure auf St. Pauli

Als interne Spionin beginnt Biggi ihre Kiez-Karriere. Jens wird wegen Schulden und einiger krummer Sachen von anderen Zuhältern gesucht. Biggi soll Leute aushorchen, wer Jens sucht und was bestimmte »Größen« von St. Pauli über ihn denken. Dem »Unschuldslamm« Biggi traut keiner etwas Böses zu.

Doch das ändert sich schnell. Ihr Logis nimmt sie über dem Maxim, direkt gegenüber dem Eros-Center. Abends tanzt sie im Maxim. Auch Frauen schauen zu, was Haß, aber auch verletzte Scham in ihr aufkommen läßt. »Die hätte ich alle am liebsten weggehauen. Ich kam mir wirklich vor wie auf dem Fleischmarkt.«

Ihre Aufgabe im Maxim ist es, die Gäste zum Sekttrinken zu animieren und danach ins Separeé in die Champagner-Badewanne zu zerren. Als ein rothaariger, schmaler, ebenso blasser wie gutgekleideter Herr, überhaupt nicht Biggis Typ, die Bar betritt, weiß sie instinktiv: Der wird mein erster Gast sein. Alles in ihrem Innern wehrt sich dagegen. Sie weiß, danach wird es kein Zurück mehr geben.

Heute sagt sie, daß Gott selbst natürliche Schranken für seine Kinder aufstellt. Als der besagte Mann Biggi anspricht, wird sie knallrot. Sie schüttelt sich, es ist ihr peinlich, jetzt mit diesem Fremden ins Separeé gehen zu müssen. Sie schreit nach Buddy, dem Bar-Besitzer, der gerade auf der Bühne mit seiner Frau »arbeitet«, was soviel heißt wie öffentlich sexuell verkehrt. Er solle ihr doch helfen. Biggi zittert, fängt an zu singen, verschüttet für 7000,-- DM Champagner auf die Flokatiteppiche, bis das ganze Separeé zu stinken beginnt. Dann ist es passiert.

Vom zweiten Gast an läuft dann alles wie geschmiert, mechanisch, teilnahmslos. Gegen drei Uhr nachts schaut sie das erste Mal in den Spiegel. Keine Frage, sie ist eine andere geworden. Ihre Augen sehen leer aus, wie tot. Biggi denkt: ›Jetzt bist du so eine Frau, von der du in der Zeitung gelesen hast. Jetzt bist du eine Hure. Das hat dein Vater doch schon immer gesagt: Du bist wie deine Mutter. – Na und?! – Du hast Angst. Aber du kannst nicht mehr zurück. Es ist alles zu spät.‹

Zwei- bis dreimal in der Woche fährt sie zu Jens, liefert einen Teil des Geldes ab. Langsam flaut die Beziehung ab. Eines Tages steht Willi, ein brutaler Zuhälter, zusammen mit einem andern Mann in Biggis Zimmer. Beide wollen sie vergewaltigen. Jens kommt dazu, bleibt aber nur daneben stehen und lacht aus Unsicherheit laut los. Er hat Angst vor Willi. Von »Beschützersein« keine Spur. – Nur mit knapper Not kann Biggi sich losreißen und fliehen. Bald ist Jens nicht mehr ihr Geliebter, sondern nur noch ihr Zuhälter. Zunehmend dreht sich Biggi um sich selbst oder besser um das, wofür sie sich hält: ›Biggi, die hübsche, dünne Hure, etwas ganz Besonderes.‹

Keiner bemerkt, daß Biggi Angst hat. Wenn Freier ihr Gewalt androhen, sie aus dem Fenster schmeißen wollen, weil sie sich von ihr betrogen fühlen, fängt sie einfach hysterisch an zu lachen. Wenn sie nicht mehr weiter weiß, spielt sie sich als besonders wichtig und überlegen auf. Die großen Männer des Kiez' tun doch auch nichts anderes, weiß sie.

Doch dann wird ihr klar, daß sie schwanger ist. »Ich dachte: ›O nein!‹ Auf einmal merkst du, daß du eine vollwertige Frau bist, die ein Baby kriegen kann, und bist in diesem Dreck drin. Was willst du tun? Es bleibt dir gar nichts anderes übrig, als es abzutreiben. Du gehst also zum Arzt. Der macht dir das ganz einfach. Er redet dir nicht ins Gewissen. ›Können Sie nicht nach Hause zurück, zu Ihrem Vater?‹ ›Nee, ich verstehe mich mit meinen Eltern nicht.‹ Der hat nicht nach meiner Mutter gefragt. Dann Einweisung, morgen ins Krankenhaus. Das ging alles so schnell, daß man gar nicht weiter drüber nachdenken konnte.

Andreas fuhr mich hin zum Arzt und holte mich hinterher ab. Ich saß im Auto und legte meine Hände auf den Bauch. Da ist auf einmal so eine Verbundenheit. Mein Baby. Das ist etwas ganz Zartes, etwas ganz Schönes. Aber es geht nicht.

Hinterher war ich fertig, innerlich völlig kaputt. Allein schon das Krankenhaus: Du kriegst eine Spritze, dann wirst du reingerollt und wieder rausgerollt. Das war es dann. Die machen das wie in einer Fabrik. Die gehen überhaupt nicht auf den Menschen ein. Irgendwie erwartest du, daß sie dir ins Gewissen reden. Du könntest das natürlich auch nicht ab, aber es wäre besser. Das ist so schlimm. Auf einmal gibt es da nur noch so etwas wie eine Narbe. Das war es dann. Dein Babylein ist weg.«

Biggi versucht, zu verdrängen. Der Besuch ihrer ersten Mutter macht sie aggressiv, ebenso wie das scheinheilige Gerede ihrer Bettnachbarin. Am selben Tag noch wird sie aus dem Krankenhaus entlassen. Wenige Stunden später steht sie wieder auf der Bühne. Ein Pakistani kommt zu ihr, um ihr aus der Hand zu lesen. Sie scheint abwesend. Ihre Gedanken und Sehnsüchte sind bei dem toten Kind. Sie fängt wieder an, Tabletten zu nehmen und zu trinken.

Am nächsten Morgen tritt ein, was der Pakistani ihr prophezeit hat. Sie lernt Ronnie kennen, einen gutaussehenden Wirtschafter aus dem Eros-Center, der den Puff verwaltet, den Geschäftsablauf regelt und den Huren bei Schwierigkeiten (gegen Bezahlung) hilft. Ronnie schmeißt Zuckerstückchen gegen Biggis Fensterscheibe. Sie ist müde und will schlafen. Nur mit einem Badetuch bekleidet, rennt sie über die Große Freiheit und stellt ihn zur Rede. In dieser ungewollt komischen Situation erweist sich der Held des Puffs als unsicher, beinahe schüchtern. Es kommt zu einer ersten Verabredung im Eiscafé Copacabana. Biggi spielt die Coole. »Wenn ich schon im Dreck sitze, will ich wenigstens die Größte drin sein.« Ronnie und Biggi finden Gefallen aneinander. Sie fahren ins Kneipen- und Disco-Center »Posemuckel«, dann ins »Corner«, eine Zuhälterkneipe, schließlich an die Elbe.

Alle schwärmen für Ronnies Neue. Er flüstert ihr etwas von eigener Familie mit Kindern ins Ohr. Sie will so etwas hören, braucht das – egal, ob es nur ein Traum ist oder nicht. Aus der folgenden Nacht werden dann sieben lange Jahre. Klipp und klar erklärt Ronnie seinem Vorgänger Jens, von dem sich Biggi lossagen muß: »Laß sie in Ruhe. Das ist jetzt meine Frau.« Biggi überkommt ein Gefühl von Stolz und Glück. Hier hat jemand etwas für sie »riskiert«, egal aus welchem Grund. Vielleicht ist sie doch nicht nur eine Hure?

Zuerst verbietet Ronnie seiner Neuen, in der Bar zu tanzen. Sie soll für ihn kochen: Rinderrouladen in der Beethovenstraße. Die Illusion einer kleinbürgerlichen Idylle kommt auf. Doch »das Milieu« erweist sich als stärker. Biggi will nicht. »Ich kannte ja kein normales Leben und dachte: ›Wie kann der jetzt so was sagen? Nee, das will ich nicht. Wenn ich jetzt schon im Dreck bin, dann will ich auch richtig drin sein. Dann will ich die Größte da drin sein.‹ Irgendwie hatte ich mit meinem Leben schon abgeschlossen.«

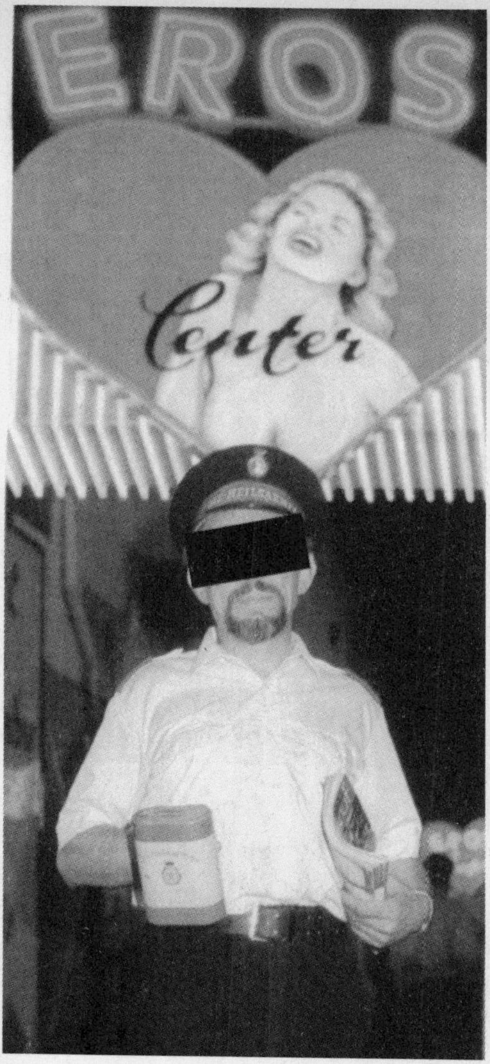

Im Eingang des Eros-Centers, mit einem Heilsarmeesoldaten

Schließlich beginnt sie, im Eros-Center »anzuschaffen«, weil sie es will – wie sie sagt. Von den anderen Frauen guckt sie Verhaltensweisen ab und entwickelt sich zur perfekten Hure. Jeder Tag ist Kampf. »Kobern« (anlocken), »ackern« (einen Freier an Land ziehen), »abziehen« (betrügen). Wer hier nicht untergehen will, hält sich an die Alt-Huren. Vor dem Spiegel übt Biggi Mimiken, Betrügereien – alles, um äußerlich nicht kaputt zu gehen. Innerlich ist sie es bereits.

Eine zweite und dritte Abtreibung folgen. Ronnies Mutter fährt Biggi diesmal in die Klinik. Er will sie heiraten, will aussteigen, als Konditor arbeiten. Ob er es ehrlich meint? Biggi lacht ihn aus. »Geh doch lieber in die Disco. Reiß ein paar Bräute auf, die für uns arbeiten, damit wir besser leben können.« Leben – was ist das? Eine größere Penthouse-Wohnung? Ein schickeres Auto? »Im Grunde genommen dachte ich, ich bin Ronnies Hauptfrau. Wenn er auch andere hat, die sind so die Partien, die kann er abpoussieren. Da ging es mir körperlich auf einmal schlechter. Ich war öfters im Krankenhaus. Der Arzt sagte, es sei seelisch bedingt. Ich sagte: ›Quatsch! Das kann überhaupt nicht seelisch sein.‹ Wenn ich nachmittags aus dem Krankenhaus gekommen war, stand ich abends um acht schon wieder an der Mauer, mit hohen Absätzen, Strapsen und BH. Manchmal konnte ich vor Schmerzen nicht mehr gehen. Ich ließ es mir nicht anmerken. Da ging so richtig der Lebenskampf los: Entweder du hältst hier die Klappe und wirst niedergemacht – oder du läßt dir nichts bieten und setzt dich durch. Wie damals in der Schule.«

Menschen im Bordell

Alle *Puff-Chefs und Wirtschafter* suchen nach Liebe, stellt Biggi fest. Sie tun groß und mächtig, protzen herum, spielen sich auf als tolle Liebhaber und Haremsbesitzer, erinnern darin an orientalische Potentaten. Aber sie tun nur so als ob. Stark sind sie nur in der Gruppe. Sie sind gebundene Menschen, durch das Böse gebunden. Die meisten sind brutal gemacht worden. Drogen machen sie schließlich fertig. Fast alle betätigen sich okkult wie Biggi früher auch, kennen den Satan.

Biggi über die Puff-Chefs und Wirtschafter: »Ich habe keine Helden kennengelernt. Wenn ich ausrastete, dann hauten die ab. Denn ich ging auf alles los; meine ganze Mutlosigkeit und Verzweiflung ließ ich an den Wirtschaftern aus, ob sie einen schwarzen Gurt trugen (und damit schlagen konnten) oder nicht. Das war mir egal. Ich haute ihnen trotzdem ein paar über den Kopf. Im Grunde genommen sind die genauso arm dran wie die Huren, genauso fertig und kaputt.«

»Als *Kunden* kommen alle Arten von Männern in den Puff. Obwohl sie wissen, daß sie betrogen werden. Manche kommen, weil sie krank sind – krank sind sie im Grunde genommen alle, aber es gibt eben die Perversen, die völlig Kaputten. Sie haben meistens viel Geld. Je höher sie anerkannt sind im gesellschaftlichen Leben, je mehr von ihnen gefordert wird, je mehr ihr Image auch Herz zeigt, desto mehr Dreck ist dahinter. Ihre Seele ist geschädigt, kaputt.«

Die Hure übernimmt ihnen gegenüber die Männerrolle, und sie werden zu kleinen Kindern. »Oft in Gesprächen erzählten sie mir Kindheitserlebnisse, die sie in den Rollenspielen aufarbeiten. Sie ließen es eben nur im Sex raus. Wenn du einen Freier zwei-, dreimal hattest, dann kanntest du sein ganzes Leben, bis zu seiner Kindheit, und fandest immer wieder Parallelen zu deinem eigenen Leben. Mich hätte es nicht gewundert, wenn mancher Manager Strichjunge geworden wäre. Irgendwelche Extreme waren da immer. Sie haben keine Liebe gekriegt oder sind von den eigenen Müttern oder Tanten vergewaltigt worden als kleine Jungs.

Dann gab es die Jugendlichen, die es mal ausprobieren wollten. Um mal zu einer Hure gegangen zu sein, um nachher damit herumzuprahlen. Die fanden es auch irgendwie ganz toll, und viele sind dann Stammkunden geworden. Sie kamen in eine seelische Abhängigkeit, eine seelische Sexgebundenheit.«

Ecke Herbertstraße – auf »Kundenfang«

Die Männer suchen eine neue Identität, begeben sich aber nur in Abhängigkeiten. Von den Huren werden die Männer häufig erst pervers gemacht. Die Hure erhält Zutritt zu ihren Seelen, fühlt sich als Besitzer des Mannes. Sie ist gleichzeitig sein Gott wie sein Objekt. Die Hure hat Zutritt zum Intimsten des Freiers, ist bisweilen mehr »eins« mit ihm als seine Ehefrau. Das Bordell ist eine Droge, ein Selbstbetrug. Was wie Selbstverwirklichung und Machtausübung aussieht, ist bloße Sklaverei. Die Hurenkunden gaukeln sich etwas vor, meinen, eine Freundin gefunden zu haben. Sie wollen etwas Besonderes sein, und dabei haben sie ihre Identität, ihr Ich verloren. Es bleibt reiner Sex, der nur zerstören kann. Die Quittung ist der innere Tod.

Aber auch die *Hure* verliert sich selbst. »Zuerst versuchst du, das zu verstehen und zu verarbeiten, wenn du frisch in das Milieu kommst. Da hast du noch diese Aha- und Oh- und Auweia- und Hilfe!-Erlebnisse bei jedem Gast. Alle eineinhalb Stunden hast du so ein Erlebnis, und irgendwann sagst du: Ob ich jetzt nein sage oder auweia und Mitleid habe, das bringt mir nichts. Der geht nach Hause und vergißt mich sowieso. Oder er kommt mal wieder, aber ich bin ihm als Mensch egal. – So wird er dir als Mensch auch egal. Du wirst menschenfeindlich, du fängst an, alle Menschen zu verachten. Du siehst nur noch Kaputtheit. Auch wenn du vorher beim Käffchen mit ihm sitzt, dich vielleicht mit einem ganz tollen Mann in einem vornehmen Anzug unterhältst – sowie er seinen Anzug aus hat, siehst du nur noch Dreck.

Du verlierst deine Persönlichkeit dabei. Du kannst ja nicht deine Gefühle in jeden Mann investieren. Also steckst du sie zurück. Du wirst kalt, kälter, am kältesten, Nordpol.«

Nach vier Jahren Eros-Center ist Biggi hart und leer. Sie nimmt den Männern alles ab, sogar das letzte Geld für die S-Bahn-Karte nach Hause. Aber der Preis, den sie selbst zu zahlen hat, ist höher: Eierstockentzündung, Gebärmutterentzündung, Alkohol und immer wieder Streit mit Ronnie. Für ein größeres Auto schickt sie den »Geliebten« zu anderen Frauen, damit er sie abrichtet. Das Geld regiert. Über den Zuhälter Thomas Born, einen der »Großen« von St. Pauli, gelangt Biggi schließlich in die Kokain-Szene, in einer öffentlichen Hochzeitsnacht von Geldleuten und Luden (Zuhältern).

Gibt es keine Grenzen mehr? Biggi soll vor aller Augen mit der Braut das machen, was die Hochzeitsgäste fälschlicherweise Liebe nennen. Die Brautleute sind so betrunken und voller Drogen, daß Biggi unverrichteter Dinge die »Feier« verlassen kann. Von jetzt an ist alles anders. Biggi fängt an, die Puff-Chefs richtig zu hassen. Sie verfällt in Depressionen, muß sich übergeben, wenn sie nur an das Eros-Center denkt. Trotzdem folgt bei ihr eine Schicht auf die nächste, einmal 67 Stunden am Stück. Puff als Fabrik. Menschen und Sex am Fließband.

Nach wenigen Stunden Schlaf steht sie wieder auf dem Kontakthof. Erst jetzt, wo sie nicht mehr aus dem Milieu rauskann, wird ihr klar, wie ohnmächtig, wie gebunden sie ist. Das Bewußtsein: ›Alles ist Lüge‹, tritt erst auf, als es zu spät scheint. Mit schallendem Lachen lüftet der Teufel den glitzernden Vorhang der Erkenntnis. Biggi sackt zusammen, kann sich nicht mehr mitteilen, denkt nur: ›Ich werde hier keine vierzig. Mein Leben ist verpfuscht.‹

Ein letzter Notnagel sind dann Okkultismus, Buddhismus, Esoterik, denen sie sich zunehmend öffnet. Schon früher hat sie Totenbefragung praktiziert. Sie will alles wissen. In ihrer Vorstellung gehören diese drei Dinge – Buddhismus, Okkultismus und Esoterik – zusammen und entschlüsseln die Mitte und den Sinn des Lebens. Sie weiß, daß darin eine Kraft liegt, die größer ist als menschliche Kraft – eine Kraft, die zerstört.

Die Herbertstraße – Zutritt nur für Huren und ihre Kunden

»Okkultismus, Zauberei, Hellseherei und dieser ganze Quatsch, Kartenlegerei – das sind alles Gebundenheiten. Wie Sex. Das ist ja überall verbreitet, nicht nur auf dem Kiez. Aber wenn du auf dem Kiez bist, weißt du, daß es einen Satan gibt. Es ist klarer, offensichtlicher, weil du weißt, du bist in der Sünde, du bist im Dreck, im negativen Bereich, in der Hölle.«

Die Folge der okkulten Praktiken: Nach einem kurzen Hoch geht es ihr noch schlechter. Schließlich kommen zu der inneren Leere akute Geldsorgen hinzu. Sie hat Schulden im Bordell. Die Frauen müssen im Puff für die Nacht ein Zimmer mieten, auch wenn sie es vielleicht gar nicht benutzen. Die Mieten sind astronomisch hoch. In ein paar schlechten Nächten kommen so 8-10.000 Mark Mietrückstände schnell zusammen. Deshalb arbeitet sie jetzt auch in der Herbertstraße, wo die Huren im Schaufenster sitzen. Biggi erschuftet Geld nur noch für andere. Ihre Motivation geht gegen Null.

Das Karussell dreht sich immer schneller

Mit zweiundzwanzig Jahren geht Biggi für kurze Zeit in ein Provinzbordell nach Braunschweig, dann in die Nobelszene von Düsseldorf. Sie will »zu zweit« arbeiten. Als sie gerade auf dem Düsseldorfer Flughafen gelandet ist, spricht sie ein Geschäftsmann aus der Ölbranche an. Er überläßt ihr seine Drittwohnung und spendiert ein hübsches Taschengeld. Von dort aus fährt Biggi in die Nobeldiscos und Luxushotels, trifft Manager, Politiker, Showleute. Die großen Männer geben sich nach außen als Gentleman, zeigen gespielte Achtung, um sich vor sich selbst zu rechtfertigen. Hinter der Fassade ist nur Leere, versteckt sich Ausgebranntsein, Kaputtheit, Selbstverachtung. Je sauberer der Anzug, desto trauriger das Innere. Die Perversionen sind größer als im Eros-Center, aber auch die Illusionen. ›Die Fassade ist nur Lüge‹, denkt Biggi. »Eins habe ich da gelernt: daß ich keinem Menschen mehr vertraue, und mir am wenigsten. Die Männer waren aus allen Schichten und Berufen, aus dem Sport, aus der Musikszene. Der kleine Boutique-Besitzer, der große Unternehmer. Die aus der Musikszene, die gerade erst angefangen hatten oder schon bekannt waren, Produzenten ... Wenn ich dann den Fernseher anstellte, dachte ich: ›Huch, den kennst du doch irgendwoher!? Ja, stimmt. Fünfhundert hat der rausgetan.‹ Solche Gedanken kommen dir, wenn du diese Menschen siehst. Dann kriegst du irgendwann diesen Blick: Sonnenbrille auf und durch die Straßen gehen und keinen Menschen mehr wahrnehmen.«

Fast alle diese Männer geben vor, ihre Frau zu lieben, zeigen Familienfotos und klagen, sich unverstanden zu fühlen.

»Eins habe ich gesehen: daß alle Arten von Männern kommen. Und die Frauen heißen das noch gut. Die sagen: Bevor er sich eine Freundin nimmt, geht er eben zur Hure, bezahlt er die. Die Frauen finden sich irgendwie damit ab. Oder sie suchen sich selbst einen Freund oder haben diese ›normale‹ offene Beziehung und eine offene Ehe. Oh, das ist ein Dreck. Die belügen sich so, die machen sich alle was vor. Sie denken, sie haben das große Glück gefunden und leben jetzt in Freiheit, in der Selbstverwirklichung. Wenn das Denken erst mal soweit ist, dann ist alles zu spät.«

Für viele Geschäftsleute gehört es aber auch einfach zum guten Image, mit Geschäftspartnern in den Puff zu gehen. Wenn die Iraner, die Araber, die Japaner kommen, muß ihnen schließlich etwas Besonderes geboten werden, muß man etwas vorzeigen können.

Die Huren sind die einzigen, die den Chefs gleichberechtigt gegenübertreten dürfen. Ihre Angestellten müssen für sie springen. Hier im Bordell bezahlen sie dafür, daß sie selbst gedemütigt werden, verlangen Rollenspiele, um sich unbewußt mit sich auseinanderzusetzen.

Die Hure gibt sich unabhängig, der reiche Freier will ja etwas von ihr. Er bettelt, kriecht vor ihr und begibt sich in Abhängigkeit. Die Hure bestimmt, was »läuft« und was nicht. Immer mehr Männer wollen gequält werden und zahlen gut dafür. Mächtige Manager verwandeln sich in demütige Sklaven, gestandene Kerle in wimmernde Säuglinge. So eine Reportage des »Stern« vom Oktober 1988, nach monatelangen Recherchen in der ganzen Republik über den sogenannten Ledersex. Unternehmer unterschreiben einen allgemeinen »Sklavenvertrag«, der sie zum uneingeschränkten Eigentum einer »Domina« macht. Die Herrin kann sie dann wahlweise als Arbeitssklaven oder Lustskla-

Biggi als Nobelhure

ven benutzen. Zwischendurch gibt es ein paar schwarze Messen, grausam inszeniert, nach Wunsch mit Kreuzigung.

Der Sexualwissenschaftler Prof. Gunter Schmidt charakterisiert den perversen Gewaltsex als Versuch einer Selbstheilung des Menschen (»Stern« vom 20. Oktober 1988). Im Puff wird deutlich: Die Hoffnungen trügen, es ist ein lügnerisches Versprechen. Der Teufel kommt als »Heiland« daher, aber anstatt zu heilen, zerstört er den Menschen. Und dabei werden Millionengeschäfte abgewickelt.

Biggi ist mittendrin in dieser Welt der Zerstörung. Morgens fällt es ihr schwer, in den Spiegel zu schauen. Ihre Augen sehen aus wie tot, aber noch ist in ihr eine Ahnung: ›So bin ich nicht gemeint. So hat Gott mich nicht gewollt.‹ Um überleben zu können, redet sie sich ein: ›Es wird schon alles wieder gut‹, obwohl sie genau weiß, daß alles jeden Tag schlimmer wird.

Wegen Ronnie kommt Biggi nach Hamburg zurück. Aber sie will nicht wieder ins Eros-Center. Die schmuddelig-kalte Atmosphäre, die Konkurrenz unter den hundert Frauen, die »Fleisch-Schau« ist jetzt unter ihrem »Niveau«.

So inseriert sie in Boulevardblättern oder besucht Geschäftsleute in Hotels. Aber die Drogen verschlingen immer mehr Geld. Schließlich geht sie auf den Autostrich in der Süderstraße (Hamburg-Hamm). Auch für die Kunden scheinen die letzten Schranken gefallen zu sein. »Ein fünfundzwanzigjähriger Mann, jung verheiratet, er sagt, er liebt seine Frau, ist glücklich. Er war schon ein paarmal bei mir. Nun kommt er wieder. Ich springe wie immer ins Auto rein und sage hallo. Und ich denke: ›Was ist das denn?‹ Da liegt sein Baby auf dem Rücksitz. Ich denke: ›Das gibt es nicht!‹ Was für ein Selbstbetrug, was für eine zerstörerische Haltung sich selbst gegenüber, dem Leben gegenüber!«

Ehemänner holen Biggi in die Wohnung, während die

Engl., nur Haus + Hotel von 13–2 nachts [redacted]

Entspannungskosmetik [redacted]

ER Frz.-Mod., Hs. + Hotelbes. n. f. Sie erot. Massage, ab 18 h [redacted]

Erotisch, Exotik, absolut weibl. vollb., zärtl., Japan, m. v. Zeit, Mod. [redacted]

I ••• exkl. Kosm., Mass. u. Badeservice Hot. u. Privat •••• [redacted]

Franz., LINDI, 11–19 h [redacted]

★ Fr. u. samstags, 35 J., a. 13 h [redacted]

Frz. nur Haus, Hotel u. Büro [redacted] Griech.

Frz., 44j. vollb. Mod. [redacted]

Frz. Transvestit, BH 11, 21 J. [redacted]

FRZ'WUNDER aus USA, Ta. + Na., a. So. [redacted]

Gehorsamer SKLAVE sucht HERRN + HERRIN [redacted]

Genuß ohne Reue 27j., BH 13, frz., span., u.v.m. [redacted]

GROSS. PO [redacted] frauliche Sie mit schönem Busen

HARBURGER SEXBOMBE [redacted]

Hausfrau zum Schmusen, ab 10 U. [redacted]

Hosteß, 39 J., n. Haus- u. Hotelb. bis 100 km [redacted]

Hallo, hier spricht Hamburgs Ölprinzessin Sasel [redacted]

040 [redacted] INFO

Info Super-Maus [redacted] Info

KOREA Tran Kirch [redacted]

LADY 37 J., Topfigur [redacted]

Liebe, Witz u. Klass

M exikanisches Feuer BH 14, [redacted]

Mod., ab 18 h [redacted]

2 Modelle, BH 20 + BH

Moderne Massage

♥ Mod., jung & sexy

Männl. Mod. n. f. Si

N adin: su. Kater zum S [redacted]

Nette, gepflegte Frau, Hs.- u.

NEU · BH 12 · [redacted]

NEU bld. Engelchen, himmlische Hs.-u.H

NEU Blond – schl a. 10.00 h, a. a.

NEU Kindfrau [redacted]

NEU Isla Bonit [redacted]

NEU 19j. Florenz- [redacted]

Neu 18j. Karibik T. + N., Hbf

NEU 19j. Kusche a. a. Hs., Fr. + G

Reifes Fr [redacted]

NEU 23j. Mod., erot., 11–? Uhr. a. Hs. + H

Tägliche Anzeigen in einer Hamburger Tageszeitung

Frau mit den Kindern in der Stube sitzt und der Fernseher mit »Sandmännchen« läuft.

»Ich komme hin zu einem ›Gast‹, und der ist total pervers. Der läßt sich knebeln und solche Sachen. Ich bin dann so fertig. Er sagt etwas wegen Scheck und so – ist alles klar. Auf einmal geht die Tür auf, und seine Frau spaziert herein. Ich denke, ich falle in Ohnmacht. Die hat sich gar nichts dabei gedacht. Sie hat sich damit abgefunden.

Das war eine ganz normale Hausfrau und er ein ganz normaler Arbeiter oder Angestellter. Eine ganz normale Familie, nach außen. Die normal leben, eine schöne Wohnung haben, nicht gerade viel, aber auch nicht wenig besitzen, eben ganz durchschnittlich. Und die sind diesen Abarten verfallen. Sie geben sich der Sünde hin, lassen sich von ihr zerstören.«

Immer mehr Mädchen und Frauen rufen Biggi an. Hausfrauen und Lehrerinnen wollen in das »prickelnde Laster« oder in perverse Techniken eingeführt werden. Andere wollen Sex im Beisein der Kinder. Hier weigert sich Biggi. Verzweifelt fragt sie sich: ›Was ist nur los mit den Menschen, warum schrecken die vor nichts zurück, nur um sexuell befriedigt zu werden? Und was steckt noch alles in mir, zu was bin ich noch fähig?‹ Es sieht so aus, als ob die ganze Gesellschaft sich prostituierte. Alle diese Leute geben ihr Leben. Immer wieder fragt sich Biggi: ›Wie können die Männer damit fertigwerden – erst bei mir zu sein und dann nach Hause zu gehen, ihre Frau zu umarmen und mit den Kindern zu spielen? Wie leben sie damit während der Arbeit, wenn sie in der Mittagspause bei mir waren? Wie rechtfertigen sie sich? Wie quälen sie sich, bevor sie überhaupt zu mir kommen?‹ Biggi weiß nicht, ob sie die Männer mehr verachten oder bemitleiden soll.

Wenn sich ein Mensch zur Ware macht, sinkt sein Wert in den Augen der anderen sehr schnell. Also müssen sich die Huren immer wieder einer neuen Kundschaft präsentieren, um von neuem gekauft zu werden. Für die unterschiedlichen Kunden macht sich Biggi als Putzfrau oder große Dame zurecht, als Edelhure oder Teenager, Hausmütterchen oder Schulmädchen.

Für eine Zeit fliegt sie mit einer Freundin nach München. In Biggis Gewerbe ist das Oktoberfest ein guter Einstieg. Die beiden Frauen mieten sich im Hilton für 550 Mark die Nacht eine Suite und tun so, als ob sie den Sex nicht beruflich betrieben. Mit dieser Masche der »Abenteuer-Hure« verdienen sie gut. Manche Männer merken erst zu spät, was

Biggi im Bordell mit ihren beiden Hunden Turner und Lady

gespielt wird. Selbst der Privatdetektiv kann ihnen nichts nachweisen. Schließlich fliegen sie dann doch raus, mit einer offenen Champagnerrechnung von 2.000 Mark. Am selben Tag mieten sich die beiden Frauen im »Salambo«, einem Münchener Nobelpuff, ein. Hier sind 1.500 Mark pro Abend plus Getränkeprozente zu machen. Biggi lernt das Trinken. Nach jeder Flasche schluckt sie schnell einige Captagon-Tabletten herunter, um nicht so schnell betrunken zu werden. Nachwirkung: immer wieder Schlafstörungen.

Von 15.00 bis 5.00 Uhr spielt Biggi die große Dame, die Hure von Welt. Produzenten, Sänger, Musiker, Polizeioffiziere, Fußball- und Eishockeystars drücken sich die Klinke vom »Salambo« in die Hand. Aber von Biggis Kolleginnen dreht eine nach der anderen durch. Das Kokain, das sie nehmen, um ihr Leben auszuhalten, fordert seinen Preis. Zunächst putscht es auf. Die Frauen fühlen sich als Ladys, denen die Welt zu Füßen liegt. Sie sind aufgewühlt, und dennoch erscheint ihnen alles federleicht. Nach einigen Stunden bricht ihre Psyche zusammen, Angstzustände und negative Gedanken gewinnen Raum – oft kombiniert mit dem Erleben dämonischer Erscheinungen. Eine farbige Hure stürzt die Treppe hinunter und schreit, sie sei Jesus. Noch heute ist sie in der Psychiatrie.

Zunehmend fällt auch Biggi in immer größere Depressionen. Kaum noch verläßt sie den Puff. Hier arbeitet sie, schläft sie, nimmt Drogen aller Art. Sie fühlt sich gefangen, äußerlich wie innerlich. Das Bordell wird zum Gefängnis. In dem Wechselbad von Captagon und Kokain kommt es zu Halluzinationen. Außerdem hat Biggi Sehnsucht nach Ronnie. Alle zehn Tage fliegt sie zu ihm nach Hamburg, bis dieser sie eines Abends am Telefon herunterputzt: »Du

Scheißhure! Schaff lieber mehr Kohle an!« Ronnie ist drogenabhängig geworden und hat zudem eine andere »Nummer eins« gefunden. Biggi dreht durch. Auf eine Kollegin, die ihre Ehre (was ist das eigentlich noch?) verletzt, geht sie mit einem Barhocker los und fliegt raus.

Zurück in Hamburg, arbeitet sie wieder im Eros-Center, dann in einer Absteige in der Klaus-Groth-Straße, schließlich im Privatappartement.

Immer häufiger kommt es zu Aggressionen, Streit und Schlägereien mit den Kolleginnen. Die Verachtete gibt ihre Verachtung weiter. Biggi hat gelernt, sich durchzusetzen, jedenfalls nach außen. Mit einer neuen Masche verdient sie wieder gut. Zusammen mit einer Kollegin hat sie als »Mutter und Tochter« annonciert. Sie lernt andere Frauen an, holt sie ins Gewerbe. Wer will schon alleine im Elend sitzen? Wenn andere mitziehen, beruhigt das vielleicht ihr Gewissen. Nachdem sich die neue Masche wie alle anderen Maschen zuvor abgenutzt hat, geht Biggi in einen Club in der Esplanade, dem besten Teil der Hamburger City. Wieder ist sie mit Ronnie zusammen, der inzwischen wegen Dealerei beschattet wird. Seine wachsende Brutalität versucht sie zu entschuldigen: Er ist ein Heimkind, nimmt Drogen ... Sie meint, Schläge wie Geldgeschichten gehörten zum Alltag. In vielen Situationen reagiert Ronnie wie ihr Vater, genauso gewalttätig. Unbewußt hat sie sich gerade so einen Mann gesucht, wenn sie das zu diesem Zeitpunkt auch nicht wahrhaben will. Nur nicht allein sein, das würde sie jetzt nicht ertragen.

Zur wachsenden Drogenabhängigkeit kommt eine Magersucht. Als Kind war Biggi dick, was sich jetzt zu einem immer stärkeren Zwang umkehrt, dünn sein zu müssen. Immer wieder denkt sie: ›Wenn ich nicht dünn aussehe, bin ich keine richtige Frau. Da hilft mir auch kein niedliches Gesicht. Wenigstens nach außen muß ich die Idealfrau sein, sonst fehlt mir was.‹ Phasenweise meint sie, Stimmen zu hören, die ihr drohend einreden: »Du mußt noch dünner werden.« Wenn sie als Nobelhure in Hotels zum Essen eingeladen wird, empfindet sie einen Zwang, auf der Toilette alles wieder zu erbrechen.

Schließlich fängt Ronnie an, Biggi regelrecht zu verprügeln. Sie lacht nur hysterisch, schminkt ihre blauen Stellen über und geht – nach außen weiter die Überlegene spielend – wieder in die Sex-Fabrik. Um ihre Erniedrigung zu kompensieren, bändelt sie mit einem anderen Mann an: »Was Ronnie kann, kann ich schon lange!« Bald bittet Ronnie sie auf Knien in aller Öffentlichkeit, zu ihr zurückzukommen. Der kalte Drogenschweiß läuft ihm von der Stirn. Doch sie lacht ihn aus und geht weg.

Um sich selbst wieder zu fangen, zieht Biggi für einige Wochen zu ihren Eltern nach Harburg. Vom genaueren Lebenswandel der Tochter wissen sie nichts, wollen sie nichts wissen. Als es Biggi wieder etwas besser geht, kehrt sie in ihr Appartement zurück. Zum Schutz vor neuen Enttäuschungen schluckt sie Happy-Pillen und LSD. Ohne Drogen steht sie keinen Tag mehr durch. Doch dann erreicht sie die Nachricht, daß einer aus dem Teufelskreis des Kiez ausgestiegen ist: Der Puff-Chef Paul hat sich zu Jesus bekehrt.

Paul lädt Biggi und eine andere Hure, Renate, zu sich nach Hause ein. Außerdem Christine, eine Frau aus der Gemeinde, zu der er jetzt gehört. Christine war früher selbst drogenabhängig. Paul und Christine erzählen von Jesus. Biggi sitzt Christine aggressiv im Minirock gegenüber und rechtfertigt ihr Hurenleben: »Ich tue schließlich etwas Gutes für unsere Gesellschaft.« Obwohl sie weiß, daß das gelogen ist, tut sie sehr stolz und schreit los: »Was soll ich mit Jesus? Liebt er mich nicht auch so, wie ich bin? Ich kann doch auch hier im Milieu gläubig sein!« Dabei ist sie von dem, was Christine erzählt, beeindruckt. Diese Frau hat etwas, das Biggi in ihrem Leben vermißt.

Christine berichtet Biggi und Renate von den satanischen Angriffen in ihrem alten Leben, von Abstürzen, Enge, Geschlagenwerden. Biggi kennt das. Sie dreht beinahe durch, als sie das hört. Dann erzählt ihr diese Frau von der Hilfe und Befreiung, die sie erlebt hat und die nur von Jesus kommen kann.

Später schildert Christine dieses Treffen. Sie erlebt Biggi als kühl, verschlossen, zurechtgemacht, mit starker Fassade. »Sie hat mich zuerst überhaupt nicht angeguckt, kaum mit mir gesprochen. Ich habe ihr einfach aus meinem Leben erzählt, von Jesus, und gemerkt, daß sie etwas davon aufgenommen hat, auch wenn sie ihre Position mit Argumenten gerechtfertigt hat, die wirklich nicht okay waren. Sie fing auch teilweise an, ihr Herz auszuschütten, was ihre Beziehung zu Ronnie betraf.«

Das Gespräch bleibt ohne sichtbares Ergebnis, aber nicht ohne Folgen.

In den nächsten Tagen kommt es bei Biggi immer häufiger zu mystischen Erlebnissen. Schweißgebadet hört sie eine Stimme, sie solle ihr Leben endlich ganz Satan geben. Biggi empfindet sich zunehmend als Gefangene von Gedanken, die nicht zu ihr gehören. Durch die Drogen wird sie magenkrank, nimmt zwölf Kilo ab, verkommt auch äußerlich – fettige Haare hängen in ihr abgemagertes Gesicht.

Eines Nachts klingelt es plötzlich an der Tür. Der Musiker Hermann steht vor ihr. Beide fangen an zu koksen (Kokain zu schnüffeln), klopfen lockere Sprüche. Hermann sagt, er sei »mystisch drauf«, das heißt bereit zu okkulten Handlungen, und fängt an, von Gott zu erzählen. Biggi schreit ihn an: »Es gibt wohl eine Macht über uns, aber nicht Gott.« Im Herzen denkt sie: ›Wenn das bloß nicht wahr wäre.‹ Auch diese Nacht endet im Drogenrausch.

Einige Wochen später gründet Biggi einen eigenen Puff in Winterhude an der Alster. Einerseits ist sie jetzt ihr Chef, andererseits steht sie ständig unter Drogen, scheint ihren Körper verlassen zu haben. Sie spricht zu Personen, die es nicht gibt, fühlt sich eingemauert und von Spinnennetzen überzogen. Mit und ohne Pendel sagt sie anderen Menschen Dinge voraus, die dann auch eintreten: Mißgeschikke, Autounfälle, Krankheiten. Biggi selbst verliert scheinbar auch die Reste ihrer eigenen Identität. »Verzweifelt versuchte ich, meine Wohnung sauberzuhalten. Ich rutschte wirklich auf den Knien und sammelte jeden Fussel vom Teppichboden auf. Die Fußleisten scheuerte ich nachts wie eine arme Irre. Ich setzte mich in die Badewanne, wusch mich wie eine Verrückte – ich hätte mir die Haut herunterreißen können. Das war so eine extreme Sehnsucht nach Sauberkeit, nach Reinheit.

Dann hängte ich mich wieder an Menschen, an den Hermann zum Beispiel. Ich dachte: ›Der kann dir alles geben.‹ Dabei war der auch nicht besser dran, hat auch gekokst. Aber ich fand: In Gemeinschaft leiden ist besser als alleine.«

»Lieber Gott, wenn es dich gibt . . .«

Immer wieder hört Biggi dieselbe Stimme: »Bring dich doch um, es gibt kein Leben mehr für dich!« Wie versteinert steht sie stundenlang vor dem Spiegel und starrt vor sich hin. Sie ist nicht mehr fähig, die Wohnung zu verlassen, hört immer häufiger mystische New Age-Musik, die sie in Trance versetzt. Im Geist erscheint ihr ein steinerner Buddha. Sie sieht sich plötzlich nicht mehr in ihrem Wohnzimmer, sondern in einer Gegend, die sie nie zuvor gesehen hat. »Jetzt wußte ich, daß ich Satan angebetet hatte.« Tagelang verbarrikadiert sie sich in der eigenen Wohnung. Als sie dann nach draußen geht, um ihren Hund auszuführen, steht plötzlich ihr Bruder vor ihr und schreit auf: »Biggi, wie siehst du aus? Du bist ja schon tot!«

»Ich habe immer gedacht: ›Wie kommst du überhaupt darauf, dich umzubringen? Das ist doch Quatsch. Du willst doch gar nicht sterben. Wenn du tot bist, wie ist es dann? Leben nach dem Tod?‹ Da wurde mir auf einmal meine Situation bewußt, in welcher Kaputtheit und Hoffnungslosigkeit ich steckte.

Da habe ich gesagt: ›So, jetzt wird dein Leben anders, heute nimmst du mal keine harten Drogen.‹ (Das war ja schon ein Sieg, wenn ich keine harten Drogen nahm.) ›Heute hörst du mal auf, zu rauchen.‹ Ich habe es nicht geschafft, ich habe überhaupt nichts mehr geregelt gekriegt. Da bin ich von Ronnie weg. Dann kamen immer mehr Schmerzen, innerliche Schmerzen, und diese Einsamkeit.

Ich hatte auch körperliche Schmerzen. Vom Entzug. Dann immer wieder: Ich bringe mich um. Was erwarte ich denn noch vom Leben? Dann auf der andern Seite wieder die Vorstellung: Ich gehe nach Amerika. Ich dachte, ich könnte noch jemand da erreichen, einen Gast von mir; er hatte viel Geld und hat mich damals nach Amerika eingeladen. Vielleicht komme ich ja noch an den ran und kann da vielleicht ein bißchen was machen. Solche Träume baute ich auf. Dabei wußte ich: ›Es gibt keinen Mann mehr für dich, kein normales Leben. Was wirst du deinen Kindern später mal erzählen – daß du eine Hure warst?‹

Das war alles so hoffnungslos und sinnlos. Es gab für mich keinen Ausweg mehr, entweder tot oder totale Drogensucht. Entweder du schneidest dir jetzt die Pulsadern auf oder du haust dir den Kopf voller Drogen und gehst auf die Straße, und irgendwann ist da ein Laster. Dann habe ich wieder geschrien: ›Ich will ja gar nicht sterben!‹

Und dann erinnerte ich mich auf einmal an Gott. Und an Christine, an Paul. Da dachte ich: ›So, lieber Gott, wenn es dich gibt, dann will ich jeden Morgen beten und jeden Abend.‹ Dann habe ich verzweifelt versucht, das Vaterunser aufzusagen: ›Vater, der du bist im Himmel, vergib mir meine Schuld, dein Reich komme, dein Wille geschehe.‹ Danach wußte ich nicht weiter. In der Badewanne habe ich das gesagt. Aber ich konnte damit nichts anfangen.

›Christine.‹ Daß ich an sie überhaupt dachte, lag sicher auch an Gott. ›Wie soll ich die jetzt erreichen?‹

Da dachte ich mir: ›Wenn es dich gibt, Gott – warum meldet sich der Paul jetzt nicht?‹ Und dann klingelte das Telefon. Renate war dran und sagte: ›Paul war gerade hier und wollte wissen, wie's dir geht.‹ Und dann so das übliche belanglose Gespräch.

Ich dachte nur: ›Warum war Paul da?‹ Und mein Herz schlug ganz stark. ›Gib mir mal die Nummer von ihm‹, bat ich Renate.

Sie sagte: ›Du mußt aber schnell anrufen, um sechs ist er in seiner Gemeinde.‹ Es war Viertel vor sechs. Ich dachte: ›Wartest noch fünf Minuten, bis du anrufst, dann ist er vielleicht nicht mehr da.‹

Dann rief ich doch gleich an. Und er war noch da. Da wußte ich irgendwie: Das kann nicht normal sein. ›Ich möchte nächste Woche irgendwann mal mitkommen und mir das mal angucken bei dir.‹

Er: ›Wieso denn nicht jetzt?!‹

Ich: ›Nee, keine Zeit.‹ Dabei lag ich am Boden, total fertig.

Er: ›Wieso keine Zeit?‹

Ich: ›Ich habe etwas vor.‹ Obwohl ich überhaupt nicht mehr fähig war, rauszugehen.

Dann sagte er mit einer ganz energischen Stimme: ›Warum nicht jetzt?‹

Ich war erschrocken. ›Ja, gut, hol mich ab!‹

Dann versuchte ich, mich anzuziehen, drehte mir einen komischen Zopf. So ging ich in die Gemeinde, voll von Drogen. Dabei fühlte ich mich total lächerlich.

Dann saß ich da und dachte: ›Was ist denn hier los?!‹ Vor mir saß ein altes Ehepaar, und er hatte sie im Arm! – ›So etwas gibt es noch, in *dem* Alter noch liebhaben?! Das ist doch Heuchelei!‹ Weil ich so etwas nicht kannte. Ich dachte, die tun nur so in der Kirche.

Und dann hat Erhard gepredigt. Ich dachte, der guckt nur mich an. Ich war klitschnaß, ich fing an zu schwitzen und dachte: ›Der redet nur von mir, von meinem Leben.‹

Er sagte: ›Wenn Jesus in einen Menschen einzieht, räumt er alles Alte auf. Jeder kann neu werden . . .!‹«

Schließlich wird aufgerufen: Wer sein Leben durch Jesus verändern lassen wolle, solle die Hand heben.

Biggi will nicht. Alles in ihr sträubt sich dagegen, aber irgend etwas zieht ihre Hand dann doch nach oben.

»Ich kam irgendwie da nach vorne, ich weiß nicht wie, und merkte, wie ich angefangen hatte zu weinen. Das war mir zuviel. Hier mußt du weg. Weinen, das gibt es nicht für dich, das ist doch wohl das allerletzte! Nachher lachen die dich noch aus. Das ist doch alles nur gespielt, daß die Leute so freundlich sind. Das ist Unwahrheit, was da vor sich geht.«

Sie hört nicht zu, tut gelangweilt, bis eine Frau sie anspricht: »Sag mal, was mußt du denn schon aufgeben? Ich habe doch auch viele Männer gehabt, nur nicht für Geld. Aber Gott ist das einerlei.«

Biggi fühlt sich getroffen, aber bekehren will sie sich nicht. Dann müßte sie ja ihren Job aufgeben. Das geht zu weit. Distanziert weist sie ihr Gegenüber zurück.

Nach dem Gottesdienst bringt Paul Biggi nach Hause. Er erzählt von Jesus. Biggi denkt zuerst nur: ›Mann, ich will eine rauchen. Ich brauche jetzt eine Rolle‹ (Joint). Paul redet weiter. Biggi fängt an zu begreifen: Dieser ehemalige Zuhälter lügt nicht. Dann will er gehen. »Da merkte ich, ich muß mich entscheiden. Sonst sterbe ich. Diese Nacht würde ich nicht mehr überleben. ›Ich will jetzt.‹ Mehr habe ich nicht gesagt.«

Paul nimmt Biggis Hände und betet mit ihr. Aus dem anfangs leisen Gestammel werden immer lautere und klarere Sätze. Immer mehr kommt aus ihr heraus. Biggi überkommt das Gefühl, als hebe jemand etwas aus ihr heraus und komme dann in sie hinein. Ihre Gesichtszüge entspannen sich. Auf einmal ist Ruhe in ihr. Sie fühlt sich leicht wie eine Feder. »Vorher war ich die ganze Zeit in einem Knast eingemauert. Ich war nicht mehr ich selber, ich hatte keine eigenen Gedanken mehr. Aber während ich betete, merkte ich, daß Gott mich liebt, und ich war auf einmal total frei. Und ich hatte Hunger.« Sie kann noch nicht erfassen, was da passiert ist, aber sie spürt, daß etwas Entscheidendes in ihr geschehen sein muß. Sie läuft zum Spiegel und freut sich: Ihr Gesicht ist nicht mehr verzerrt, und ihre Augen haben wieder einen lebendigen Ausdruck.

Als Paul gegangen ist, kann sie nach Monaten zum ersten Mal wieder essen, viel essen, ohne sich übergeben zu müssen. Sie ist in jeder Hinsicht satt und legt sich schlafen. Um sie herum ist alles ruhig. Sie weiß, da ist jemand, der auf sie aufpaßt; sie ist von Wärme und Geborgenheit umgeben.

Über den nächsten Morgen sagt sie: »Zuerst hatte ich ein ganz komisches Gefühl: Was hast du jetzt gemacht? Das ist doch alles Quatsch! Aber ich merkte, Gott ist wirklich da. Ich muß aufräumen in meinem Leben. Auf einmal wußte ich: Ich habe sündig gelebt, und Gott hat mich freigemacht. Ich rief meine Mutter an und verabredete mich mit ihr. Zwei Tage danach erzählte ich ihr alles. Daß ich eine Hure gewesen war, drogenabhängig, und daß ich jetzt Vergebung von Gott bekommen habe. Daß mein Leben jetzt anders ist und Jesus gehört. Daß er mich vom Tod gerettet hat.«

Am ersten Morgen nach dem Beten mit Paul kommt der Maler. Der soll ihre Wohnung renovieren. Früher war er auch schon als Kunde in ihrem Puff. Sie setzt sich neben ihn und will noch einmal einen Joint rauchen. Aber es geht nicht mehr richtig, sie kann nicht inhalieren. So phantastisch es klingt: Sie braucht seit der letzten Nacht keine Drogen mehr, sie ist seelisch und körperlich frei. Was sie noch zu Hause hat, vernichtet sie. Als Dealer anrufen, wehrt sie ab. Biggi sagt und staunt dabei heute noch:

»Durch die ersten Tage hat mich Gott getragen. Ein Engel Gottes stand vor der Tür und hat mich beschützt.« Langsam begreift sie: Ich bin ein Kind Gottes.

Die asthmatischen Anfälle, die sie jahrelang gequält haben, hören plötzlich auf. Sie hat auf einmal keine Angst mehr vor Brücken. Sie braucht nicht mehr zu rauchen. Bisher waren es vier Schachteln am Tag. Sie kann normal essen. Ihre Alpträume sind verschwunden.

Biggi hat aufgehört, eine Hure zu sein. Sie räumt ihre Wohnung auf. Alle St. Pauli-Kleidung, Horoskope, okkulten Bücher und satanischen Musikkassetten landen auf dem Müll. Ebenso alle Drogenutensilien, von der Rasierklinge bis zum Marmorbrettchen. Eine Reihe von Telefonnummern und Adressen werden verbrannt. Biggi wünscht sich, daß – wie sie sagt – der Heilige Geist bei ihr sich wohlfühlen soll. Menschen, die sie besuchen, sollen erleben, daß diese Wohnung jetzt Gottes Wohnung geworden ist.

Eine Woche später läßt sich Biggi in einer Hamburger Freikirche, die nun auch ihre Gemeinde geworden ist, taufen. Dabei laufen ihr die Tränen herunter. »Ich war sieben Jahre auf der Reeperbahn. Nun bin ich frei. Es ist einfach so schön.« Biggi erlebt ihre Taufe sehr intensiv. Ihr Taufspruch lautet: »Fürchte dich nicht, ich habe dich erlöst, ich habe dich bei deinem Namen gerufen, du bist mein« (Jesaja 43,1). Biggi glaubt daran. Gott hat ihr Leben in die Hand genommen. Er lenkt es nach seinem Willen, so daß alle Dinge ihr zum Besten dienen werden. Auch wenn es mal Stürme gibt. Er ist der Allerhöchste, er hat Himmel und Erde geschaffen, deshalb braucht sie sich nicht mehr zu fürchten. Das heißt nicht, daß sie sich hinsetzen kann und ab jetzt Däumchen drehen, aber er wird sie durch alle Lebenslagen durchführen.

Biggi vor ihrer Taufe im weißen Taufkleid, eine Woche nach ihrem Ausstieg aus Prostitution und Drogensucht

Im Licht leben

Doch es geht beileibe nicht alles glatt. Biggi hat mit ihrem Stolz zu kämpfen. Es fällt ihr schwer, die Hilfe anderer anzunehmen. Lieber will sie das neue Leben aus eigener Kraft schaffen.

Sie hat hohe Schulden und muß zum Sozialamt und zum Arbeitsamt gehen. Sie, die große Hure, die stolze Biggi, die vorher auf St. Pauli die Tolle war, muß jetzt zum Sozialamt!

Bis dahin hat sie Schwierigkeiten immer versucht zu übergehen oder ihnen auszuweichen. Dadurch wurden es immer mehr. Jetzt lernt sie, ihnen ins Auge zu sehen, ihr Leben zu ordnen. Noch fällt es ihr schwer, Menschen zu vertrauen, auch denen in der Gemeinde, zu der sie nun gehört. Sie kann oft niemand an sich heranlassen, ist abweisend und verschlossen. Bisher hat sie sich selbst geschützt, hat Fassaden aufgebaut, um nicht noch mehr verletzt zu werden. Sie mußte um ihre Existenz kämpfen. Und nun soll sie von der Gnade Gottes leben, soll die Mauern einreißen, sich in der Gemeinschaft der Christen fallenlassen. Das geht nicht von heute auf morgen. Immer wieder beherrscht sie das Gefühl: Ich muß kämpfen. Die Umstände erscheinen ihr dann mächtiger als Gott.

Sie wird leicht aggressiv. Und immer wieder kommt die »coole«, »harte« Biggi durch. Ihre Gesellschaft ist nicht immer angenehm.

Meinen die anderen in der Gemeinde es wirklich gut mit ihr? Sie freuen sich über sie und daß Gott sie zu ihnen geführt hat. – ›Als Hure warst du die Tolle‹, denkt Biggi. ›Jetzt bist du hier wieder die Tolle. Die mögen dich in dem

Biggi (links) und Christine P.

Verein. Das gefällt deinem Stolz. Mit denen kannst du auf andere Art poussieren.‹ Schnell schlägt der Stolz um in Depression.

Biggi reagiert mit Hader. Bin ich bereit, auch meinen Stolz aufzugeben? Kann ich überhaupt sanftmütig werden, wie es in der Bibel steht? »Glücklich sind die Sanftmütigen« (Matthäus 5,5). Sie merkt, daß zwischen Gott und ihr noch etwas steht: Sie kann oder will noch nicht glauben, daß sie wirklich erlöst ist. Als Folge davon wird Biggi beinahe rückfällig. Wieder geht es um einen Mann. Als sich der Betreffende ihr nähert – erzählt Biggi – hört sie Satans Stimme im Hintergrund und läuft schreiend davon, noch bevor etwas passieren kann. Immer noch außer Atem, denkt sie nur: ›Gott kann mich jetzt nicht mehr liebhaben, und auch die Gemeinde kann mich nicht mehr mögen. Ich bin eben doch eine Hure.‹ Heulend bricht sie zusammen und schreit: »Herr, ich will dich endlich ganz lieb haben. Nur dich ganz allein! Zerbrich meinen Stolz! Ich will mich dir ganz hingeben, allein schaffe ich es nicht. Ich brauche auch die anderen, die mir Mut machen, und ich will ihnen auch Mut machen.« Und der Herr gibt Biggi die Kraft, vor Gott und der Gemeinde ihre Sünde zu bekennen und seine Liebe neu anzunehmen.

Trotzdem gerät Biggi immer wieder in Phasen voller Zweifel und Ungeduld: »Lebe ich richtig mit Gott?« Sie horcht in sich hinein. Vieles geht ihr nicht schnell genug. Sie wird ungeduldig und überfordert sich selbst, will endlich heil und in Ordnung sein. Anstatt auf Gottes Zeit zu warten, will sie durch »gute Werke« gerecht werden. Schließlich begreift sie: »Jesu Opfer am Kreuz reicht aus, auch für mich, zu meiner Rechtfertigung.«

Wenn sie verzweifeln will, ruft sie nach Gott um Hilfe, und er antwortet ihr. Häufig in Träumen.

Biggi sieht sich zum Beispiel im Traum im Wasser stehen, aber sie weiß, sie wird nicht ertrinken, und die Kugel des Feindes wird sie nicht treffen.

Aber auch die Gemeinde besteht nur aus geretteten Sündern, die Fehler machen. Biggi hat mit manchen ihrer neuen Brüder und Schwestern, die von Kindesbeinen an Christen waren, ihre Schwierigkeiten. Hier und da spürt sie Sensationslust, Bewunderung für die Sünde. Das hilft Biggi nicht, könnte sie eher ins alte Leben zurückstoßen. Allmählich kann sie solche Erfahrungen und Enttäuschungen mit Christine, einer jungen Frau in ihrer Gemeinde, offen besprechen.

Christine wird ihre Seelsorgerin. Sie hat früher selbst Drogen genommen, auf St. Pauli in Discotheken gearbeitet und weiß aus eigener Erfahrung, wie es ist, am Rande der Gesellschaft zu stehen. Sie gibt Biggi nicht nur Ratschläge und hilft ihr, ihre Schuld vor Gott zu bringen und an seine Vergebung zu glauben. Sie lachen auch zusammen, danken, sind fröhlich, lesen gemeinsam in der Bibel, erleben aber auch durchwachte Nächte, sprechen über Biggis Alpträume und ihre Ängste. Christine leidet mit Biggi, läßt sie nicht allein, wenn sie sie braucht. Zuerst ist Biggi allerdings sehr verschlossen. Es dauert Wochen, bis sie von sich aus die Gespräche mit Christine sucht, und Monate, bis sie auch Kritik annehmen kann. Dann gibt sie ihren Einzelkampf auf, und aus der Beziehung wird eine richtige Freundschaft.

Je intensiver Biggi Gott erlebt, desto klarer erkennt sie: »Gott ist kein Selbstbedienungsautomat, sondern mein Vater, der mich liebt.« Es wächst so etwas wie Ehrfurcht. Eine ganz leise Stimme in ihr ruft immer wieder: »Jesus, Jesus, Jesus.« In Stunden des Zweifels und der Unsicherheit liegt sie auf dem Fußboden, kämpft, will sich Gott ganz hingeben, ohne etwas Altes zurückzulassen, und begreift dann: ›Ich brauche nur seine Gnade.‹ Sie spürt, daß viele ihrer Brüder und Schwestern regelmäßig für sie beten, und wie wichtig es ist, daß es Menschen gibt, die sie liebhaben wie Jesus.

Jetzt kann Biggi sich auch Frauen öffnen. Schwierig bleiben hingegen alle Gespräche über den Bereich von Liebe und Sexualität. Liebe, die sie in ihrer Kindheit vermißt hat und die auf dem Kiez pervertiert wurde. ›Kann man mich überhaupt als Frau, als Mensch lieben?‹ Mit dieser Frage steht sie bei weitem nicht allein. Sie weiß, viele Frauen auf der Welt, Hausfrauen und Huren, sind in punkto Liebe und Sexualität geschädigt. Sie bedürfen einer Heilung, die kein Mensch, sondern nur Gott bewirken kann.

Als Christine ihr sagt, sie sei in der Gegenwart von Männern immer anders als bei Frauen, wehrt Biggi fast verzweifelt ab.

Nach langen Gesprächen und Gebeten weiß Biggi, daß diese Feststellung für sie eine Chance zu neuer Freiheit ist. Sie braucht in keinen Tuschkasten mehr zu fallen. Sie muß keine hohen Schuhe mehr tragen. Ihre Haarfarbe ist schön. Sie ist unendlich wertvoll. Biggi lernt wieder, sich zu schämen. Zum ersten Mal errötet sie in der Gegenwart fremder Männer und erschrickt über schmutzige Witze der Kolleginnen. Ihre Sensibilität wächst.

Die Heilung der Sexualität dauert lange und tut weh. Da sind so viele Erinnerungen, so viele Schmerzen, »seelischer Müll von damals«, der ihr Leben geprägt hat. Es ist schwer, dies ans Tageslicht zu lassen, zuzulassen, daß Gott daran arbeitet. Biggi empfindet es als Schleifprozeß. Aber sie sagt: »Gott macht es sanft. Es wird immer schöner.«

Alles, was mit Ronnie zu tun hat, bleibt für sie lange Zeit ein empfindlicher Punkt. Sie waren beide erst achtzehn, als sie sich kennenlernten. Mit ihm hat Biggi entscheidende Jahre ihres Lebens verbracht. Den Ronnie von damals beschreibt sie als »lieb, unverdorben und mit gutem Herzen«. An diesem Bild hat sie immer festgehalten, auch als Ronnie längst zu einem egozentrischen, drogenabhängigen Zuhälter geworden ist. Auch in der ersten Zeit nach ihrer Bekehrung überfallen sie die Gedanken an diesen Ronnie ihrer Träume häufig. Krampfhaft sucht sie das Positive aus der Zeit mit ihm. Immer wieder muß sie mit Gottes Hilfe den Kampf aufnehmen gegen die Lebenslüge, vieles sei damals doch ganz schön gewesen. Nur wenn die Lüge zerbricht, kann Heilung kommen. Allmählich fällt sie seltener ins Loch der alten Erinnerungen und Sehnsucht nach Ronnie, wo sie es kaum aushalten kann, ihn nicht anzurufen. Sie wird immer freier.

»Das ist Gnade«, sagt Biggi, wenn sie von der Heilung ihrer Gedanken im Bereich der Liebe spricht. Sie hat angefangen, keine Angst mehr davor zu haben, jede Form von Liebe könnte in Gewalt, Perversion und Schlägerei enden. Sie braucht von keinem Märchenprinzen mehr zu träumen, der ihr alles Glück der Erde schenken soll, sich aber schließlich als Zuhälter entpuppt, sondern darf sich einen Mann wünschen, den Gott ihr zu seiner Zeit schenkt.

Eines Abends ruft Biggis St.-Pauli-Freundin Marina an. Es geht ihr nicht gut. Sie hat Drogen genommen und zufällig eine Fernsehpredigt über Liebe, Ehe und Prostitution gehört. Es ist ein SOS-Ruf. Christian, Marinas Zuhälter und Ronnies alter Partner, bekommt einige Gesprächsfetzen mit und gerät in Rage. Sofort setzt er sich ins Auto, um Biggi eine Szene zu machen. Marina hat Angst um sie. Biggi betet um den Schutz Gottes. Als sie die Tür öffnet, steht ein Mann vor ihr, der eher einem kleinen Kind als einem Zuhälter gleicht. »Er packte einfach aus, sein Leben. Dabei zeigte er, wie klein und hilflos er ist, wie er nach Liebe schreit und nach Anerkennung.« Christian gibt zu, daß er Angst hat, Marina an Gott zu verlieren. Dann wäre er doch ganz allein.

»Durch die Bibel konnte ich ihm mitgeben, daß Jesus ihn wirklich liebt. Er hat soviel Kaputtheit erlebt in seiner Kindheit. Ich bete einfach für ihn und habe ihn lieb. Früher hätte ich ihn nicht mal mit dem Hintern angeguckt. So habe ich ihn verachtet. Habe nur gedacht: Er ist falsch und böse. Ich hätte ihm eine reinhauen können. Jetzt kann ich ihn einfach liebhaben, kann sagen: der arme Christian! Jesus hat ihn auch lieb und will ihn retten.«

Um drei Uhr nachts kann der Zuhälter mit einer ihm unerklärlichen Ruhe heimfahren. Zu Hause erklärt er Marina: »Biggi war früher die größte Hure. Jetzt ist sie die größte Evangelistin.« Vorläufig ist es für ihn allerdings nur Biggis Trost, den er mitnimmt, nicht Gottes Trost.

Ihre Wohnung wird der Nicht-mehr-Hure Biggi bald zu teuer. Sie kommt vorübergehend bei Bekannten unter und denkt über ihre Lebenssituation neu nach. Nein, mit einer anderen Frau will sie nicht zusammenleben. Da gibt es doch nur Konkurrenz und Neid. Es würde lediglich die finanziellen Probleme lösen. Aber sie will das tun, was Jesus will. Wie soll sie entscheiden? Da schenkt ihr Jesus einen Traum:

Biggi (rechts) und ihre Freundin Beate, mit der sie zusammen wohnt

Sie steht zusammen mit einer anderen Frau in einem Raum, und Gott verspricht ihnen, daß sie füreinander dasein und sich gegenseitig helfen werden. Biggi kennt die Frau und weiß: Sie hat keine Vorurteile, und bei ihr ist ein preiswertes Zimmer frei. Biggi ist davon überzeugt, daß sie zu ihr ziehen soll. Einen Tag später zieht sie um und bekommt ein schönes Zimmer.

Biggi in der Küche

Wer in ihre Wohnung tritt, merkt, daß es Gottes Wohnung ist, weil dort zwei in seinem Namen zusammen sind. Biggis Verkrampfungen lösen sich langsam; sie kommt aus dem Konkurrenzdenken Frau-gegen-Frau heraus und lernt zu vertrauen. Sie fühlt sich reicher als je zuvor.

Nach acht Jahren Prostitution bekommt Biggi ihre erste bürgerliche Anstellung als Sortiererin bei der Post. Nachmittags geht sie putzen, abends besucht sie einen Lehrgang zum Handelsfachwirt. Für Biggi steht die Welt nicht länger kopf. Jetzt muß sie zu einer Zeit aufstehen, zu der sie sonst ins Bett gegangen ist. Sie kann ohne schlechtes Gewissen über die Straße gehen und anderen Leuten in die Augen schauen.

Am Postsortiertisch, direkt neben ihr, arbeitet ein Theologiestudent. Schon sein Vater sei Pastor gewesen, und außerdem sei das ein sicherer und gutbezahlter Job. Biggi erzählt ihm von dem lebendigen Jesus, der alles neu macht. Ihr Gegenüber ist mehr an ihrem alten Leben interessiert und reagiert gereizt, will von Jesus nichts hören. Biggi kann das nicht aus der Ruhe bringen. Sie hat ihre Erfahrungen mit doppelter Moral, aber auf die will sie nicht länger schauen.

Besonders auf der Putzstelle am Nachmittag muß Biggi lernen, sich unterzuordnen. »Jetzt mußte ich mir von so einer Vorarbeiterin etwas sagen lassen, die ihr ganzes Leben nichts anderes kennengelernt hatte als eine Putzkolonne. Sie versuchte immer wieder, mir einen reinzuwürgen. Das ist ja klar, das ist so in der Welt. Da wird gepiekst und die stärkere Position ausgespielt. Am liebsten hätte ich alles hingeschmissen und wäre nach Hause gegangen. Früher hätte ich die Keule geschwungen. Aber das brauche ich jetzt nicht mehr. Die Biggi von St. Pauli habe ich ersäuft, ertränkt, in den Tod Jesu hineintaufen lassen. Die neue Biggi lebt, die alte nicht mehr. Sie will ab und zu mal aufstehen. Aber sie ist überwunden.

Trotzdem, es war schwer, mich drunterzustellen, diese Vorarbeiterin nicht anzuschreien. Zu denken: ›Ja, macht nichts, Jesus hat den Jüngern die Füße gewaschen, warum soll ich es besser haben? Jesus ist für mich ans Kreuz gegangen. Jetzt hat er mich freigemacht von sämtlicher Gebundenheit.‹ Es war hart, aber das ist eine innere Entscheidung, zu sagen: ›Nein, ich wehre mich nicht, ich trage das.‹ – Dann schenkt Gott Liebe und Freude, und es macht dir im Moment auch nichts mehr aus, wie die Frau dich behandelt. Aber vor dieser Entscheidung spielt sich ein Kampf in dir ab.«

Einige Kolleginnen mögen Biggi, das macht es leichter. Außerdem kann sie so ihre Schulden aus der St.-Pauli-Zeit abzahlen, auch wenn es nur in 50-Mark-Raten ist. Biggi spricht von Gnade. »Lieber will ich mit Jesus putzen gehen, als anschaffen ohne Jesus.« Ihr jetziges Monatseinkommen hat sie früher an einem Tag verdient. Aber das zählt nicht mehr.

Dennoch bleiben Versuchungen auch im Bereich der Arbeit nicht aus. Eines Nachmittags fährt Biggi wieder zum Putzen zu den Hamburger Gaswerken. Schon auf dem Weg zur Arbeit ist sie genervt, weil die Fahrradkette ständig herausspringt. Und jetzt noch zehn große Büroräume mit vier Herren- und drei Damentoiletten schrubben! Um sich nicht herunterziehen zu lassen, stimmt sie innerlich ein Loblied an: ›Majestät, herrliche Majestät . . .‹ Ganz sicher weiß sie: ›Ich bin ein Königskind, auch mit der Scheuerbürste in der Toilette, auch wenn ich Gott im Augenblick nicht fühle.‹ Auf einmal hört Biggi innerlich eine andere, ihr bekannte Stimme: »Was machst du hier? Das hättest du dir nicht träumen lassen – und dann für so wenig Geld!« Biggi befällt panische Angst davor, durchzudrehen. Sie ist schweißgebadet. In dem Moment fällt ihr wieder ein: ›Jesus Christus hat seinen Jüngern, also auch mir, die Füße gewaschen, und er hat noch mehr für mich getan.‹ Sie strahlt über ihr eben noch angstverzerrtes Gesicht und antwortet: ›Herr Jesus, ich will das hier gerne tun.‹

Nach dem Putzen der Toiletten begegnet sie vier Männern auf dem Bürogang. Lange schauen die sich um nach der jungen, attraktiven Frau mit dem weitausgeschnittenen T-Shirt. Und da Gott auch auf dem Korridor der Hamburger Gaswerke bei ihr ist, wird Biggi klar: ›Du darfst die Männer nicht zum Ehebruch im Herzen reizen. Du willst doch keine Ehebrecherin sein.‹ Schnell zieht sie sich einen Kittel über, bittet Gott um Vergebung und innere Heilung. Sie segnet die vier Männer in der Stille und bittet Gott, daß er die Gedanken und Gefühle reinigt.

Die anderen Raumpflegerinnen wundern sich über die Fröhlichkeit ihrer neuen Kollegin. Macht der diese Arbeit denn Spaß? Auch für Biggi wird die Putzerei leicht zum Alltagstrott. Aber dann kann sie beten. Und sie weiß: Gott hat ihr diese Arbeit gegeben, deshalb ist sie wertvoll. Jesus selbst ist in einem Stall zur Welt gekommen, nicht in einer Villa. Wenn ihm die sogenannten niedrigen Arbeiten nicht zu schlecht sind, dann kann Biggi auch putzen gehen. Im Unterschied zu ihren Kolleginnen weiß sie: Sie ist geliebt.

Schon bald putzt Biggi auch morgens. Ihre leibliche Mutter gehört jetzt zur selben Kolonne. Ihr ist es peinlich, daß ihre Tochter sich als Christin zu erkennen gibt, indem sie zum Beispiel in der Frühstückspause betet oder einfach nicht mehr über andere herzieht.

Als Biggi einmal zu spät zur Arbeit kommt, witzeln die Kolleginnen in überheblichem Ton: »Na, hat dich der da oben heute nicht geweckt?« Biggi antwortet schlagfertig: »Doch, aber ich habe mich einfach umgedreht und weitergeschlafen.«

Dann bekommt Biggi wieder eine Stelle in ihrem früheren Beruf als Schuhverkäuferin, worüber sie sich sehr freut. Es ist auch dort nicht immer einfach für sie; häufig kämpft jeder gegen jeden. Außerdem messen manche Kolleginnen und Kollegen Biggi mit einem besonderen Maßstab, weil sie Christin ist, und werfen ihr ihre Fehler vor. »Als ob ich Jesus wäre, ohne Sünde.« Biggi muß also üben, sich nicht als perfekt hinzustellen und sich ganz darauf zu verlassen, daß Gott ihr gnädig ist – egal, was die andern sagen. Jetzt geht sie gerne zur Arbeit.

Alltag in der Gemeinde

In einigen Situationen bleibt aber nur ein innerer Schrei: »Hilf mir, Jesus, ich kann nicht mehr!« Einmal rastet sie aus und pöbelt zurück. Aber eine halbe Stunde später bereut sie es schon wieder. Jetzt ist sie froh, daß Gott an ihr weiterarbeitet, daß sie nicht so bleiben muß, wie sie ist. Dann kann sie sich freien Herzens entschuldigen – und die andern wundern sich. Fast jeden Tag fährt sie nach der Arbeit in die Gemeinde. Sie will die Bibel besser verstehen und Gott immer mehr kennenlernen. Ohne Gott würde ihr größtes Glück fehlen, wie sie sagt.

Die Gemeinde ist Biggis neue Familie. Keine, wo es jeden Tag knallt und sich einer am andern abreagiert. Eine wirkliche Gemeinschaft. Hier spürt Biggi: Liebe bedeutet Verbundenheit und Freiheit, nicht Abhängigkeit und Berechnung. Sie ist nicht nur eine Befriedigung von Bedürfnissen wie auf St. Pauli. Einer trägt die Last des anderen mit, bemüht sich, ihn zu verstehen, begegnet ihm ehrlich und offen. Hier kann Biggi einfach sie selbst sein, ist geschützt vor neugierigen Blicken und Fragen. Niemand wühlt in ihrer Vergangenheit herum, ihre Intimsphäre wird geachtet. Sie lernt, mit anderen Menschen zu weinen und zu lachen. Auch St. Pauli war für sie eine Art »Gemeinde«, ein gemeinsames Boot, von dem aber jeder wußte, daß es ein Leck hat. In der Gemeinde Gottes kann sie Menschen einfach liebhaben. »Wie schön, daß du da bist.« Eine ehemalige Hure lernt lieben, weil Gott ihr Liebe geschenkt hat. Das ist die wahre Anerkennung: Jesus liebt sie so, wie sie ist. Aber sie braucht nicht die zu bleiben, die sie war. Sich nach Gottes Vorstellungen verändern zu können, bedeutet für sie wirkliche Freiheit.

Dabei verändern sich auch ihre Maßstäbe. »Wenn du so in der Sünde lebst, im Dreck, dann ist dir nicht mehr bewußt, was du tust: enge Jeans zu tragen, einen kurzen Rock, hochhackige Schuhe, aufreizend herumzulaufen, keine BHs zu tragen usw. Das ist da so normal. Wenn du dann mit Jesus lebst, bist du rein und heilig vor Gott. Das ist ja der Wunsch aller Frauen, rein und heilig zu sein, als Frau anerkannt und geliebt zu werden. Wenn du weiter so rumläufst, fühlst du dich selbst plötzlich nicht mehr wohl dabei. Gott kommt nicht mit Verbot und großem Krach. Er macht das ganz lieb, ganz fein. Auf einmal kriegst du in der engen Hose keine Luft mehr. So führt uns der Heilige Geist, Gottes Geist, in die Wahrheit.«

Schon bald nach der Taufe erfüllt sich für Biggi ein Kindheitstraum. Sie wird Mitglied der Theatergruppe ihrer Gemeinde. Hier braucht sie nicht länger anderen Männern schmutzige Illusionen vorzugaukeln, sondern kann durch

Neue Freunde in der Gemeinde (Biggi: hinterste Reihe Mitte, vor ihr Christine)

die Wahrheit anderen und sich selbst zum Leben helfen. Gott hat ihr viel Talent gegeben und die Freiheit, sich natürlich und unverkrampft auszudrücken.

»Jetzt darf ich durch Pantomime und Theater anderen Menschen klarmachen, wo sie drin leben. Und ich kann sagen: ›He, ich weiß, was besser ist, was euch frei macht!‹«

Nach der ersten Aufführung ist sie naßgeschwitzt und zutiefst erfüllt. Theater soll ihre Art der Verkündigung sein. Sie will die Wahrheit nicht für sich selbst behalten. Sie verachtet die Menschen nicht mehr. In der U-Bahn betet Biggi für sich und ihr Publikum. »Das Schönste ist dann, wenn sich einer nach einer Aufführung bekehrt.« Die Laienspieler beten um neue Ideen und eine gute Art, sie auszudrücken. In dieser Arbeit fühlt sich Biggi getragen. Gott ist ihr so nahe, daß sie bald eine Drogenabhängige in »Prince of Darkness« (von Daniel Graf) spielen kann, obwohl sie bis vor kurzer Zeit selbst eine war. Die Rolle kann sie nicht mehr einfangen, auch wenn sie sich auf der Bühne mit ihr identifiziert. »Ich lass' mich einfach führen von Gott. Das ist derselbe Gott, der mich auf St. Pauli vor Gewalttaten und vor dem ›goldenen Schuß‹ bewahrt hat.«

Leute aus der Szene, die sie früher nur als abgebrühte Hure kannten, staunen. Sie merken, da ist etwas passiert, das kann man nicht spielen. Manchmal rufen sie Biggi an, um dieses Heile und Helle zu spüren. »Sie brauchen einfach diese Gegenwart, Jesus, den Heiligen Geist«, beschreibt Biggi das. »Danach suchen sie, und sie wissen auch, das ist das Leben, und sie sind im Tod. Sie wissen, daß sie sich entscheiden müssen.«

Biggi im Gemeindesaal

Nach langer Zeit ruft Ronnie eines Abends wieder an. Dagmar, eine milieubekannte Reporterin der Illustrierten »Quick«, wolle eine Geschichte über St. Pauli-Aussteigerinnen machen. Sie läßt anfragen, ob Biggi bereit sei, ihre Geschichte zu erzählen. Biggi sagt zu, und Dagmar traut ihren Augen und Ohren nicht. Sie kennt Biggi nur abgefüllt mit Happy-Pillen, breitem Hut und fünfzehn Zentimeter hohen Pumps. Und nun steht eine ungeschminkte Frau in Jeans und langem Pullover vor ihr und erzählt mit ansteckender Freude von Jesus und ihrem neuen Leben. Auch der sie begleitende Fotograf ist fassungslos: Den anderen sogenannten Aussteigerinnen sah man ihre Huren-Vergangenheit an, aber Biggi überhaupt nicht! Er kann es nicht begreifen. Beide Reporter sind beeindruckt und betroffen, weil sie spüren: Was Biggi ihnen erzählt, ist echt, nicht nur eine heile Fassade. Sie ist auch in ihrem Herzen keine Hure mehr.

Nach Erscheinen der »Quick«-Geschichte rufen Reporter von RTL an und bitten um ein Interview. Biggi kann hier mehr über ihr Leben mit Jesus als über ihr Kiez-Dasein berichten. Der Kommentar des Moderators ist eindeutig: »Das ist ein Wunder!«

Auch das Fernsehen ruft an. Aber der Showman Jürgen von der Lippe will nur die Aussteiger-Story und nichts vom Leben im Glauben präsentieren. Er disponiert um. So kommt eine andere Aussteigerfrau ins Fernsehen, die eigentlich immer noch wie eine Hure lebt.

Nicht viele Frauen haben bisher den Weg aus dem Milieu heraus gefunden. Aber im Grunde wissen beide, die Huren und ihre Kunden, daß sie unmenschlich und gottlos handeln. Im tiefsten Innern wünschen sie sich Reinheit und menschliche Würde, Liebe und Vertrauen. Uns Menschen steht kein Urteil zu. Denn wer heute verloren scheint, kann morgen schon bei Gott festen Boden unter den Füßen und Geborgenheit finden. Und manchmal ist es leider auch umgekehrt.

NACHWORT

Die sogenannte Regenbogen-Presse ist voll von Prostituierten-Geschichten, einige zwischen Scheinromantik und Tristesse, die Mehrzahl aber geschrieben als Schlüsselloch-Geschichten zur Ergötzung des vermeintlich sauberen Biedermanns. Diese Geschichten sind, soweit nicht erfunden, teuer eingekauft von Huren, die genau wissen, was ihre potentiellen Kunden lesen wollen. Der Wahrheitsgehalt der Berichte muß also zumindest angezweifelt werden. Prostitution ist kein Mythos, wie dies Cecilie Høigård und Liv Finstad in ihrem Forschungsbericht »Seitenstraßen« (Reinbek 1987) vielfach belegen. Die skandinavischen Wissenschaftlerinnen fordern hierin auf, unsere bequemen Vorurteile fallen zu lassen. Ihre Aussage ist eindeutig: Der Huren-Kunde ist ein ganz normaler Mann (Seite 61). Klischeehafte Außenseiterbilder verhindern jede wirkliche Kritik.

Die Prostitution betrifft unser Männer- und Frauenbild, unsere Vorstellungen von Sexualität, unsere Wertvorstellungen vom Menschen. Ist der Mensch nur Austauschware oder das nicht zu ersetzende, einzigartige Ebenbild Gottes? Sexualität darf nicht länger Tausch- und Machtmittel sein. Nur dann kann sie bereichern, heilen, anstatt zu zerstören. Es kommt darauf an, daß »Frauen nicht länger darauf angewiesen sind, ihre Sexualität ökonomisch einzusetzen, und Männer auf dem Sexmarkt nicht mehr die großen Jäger markieren müssen« (Høigård/Finstad Seite 248).

Das Lebensprotokoll der Brigitte K. geht einen Schritt weiter als diese Analyse. Biggi will Prostituierten, ihren Kunden und ihren Zuhältern helfen, indem sie von der Hilfe weitersagt, die sie erfahren hat. Sie fühlt sich auch heute nicht über die Leute vom Kiez erhaben: »Kein Mensch hat das Recht, auf sie herabzusehen«, sagt Biggi. Trotzdem kann sie es nicht gut finden, wie die Huren und ihre Kunden leben. In der Bibel wird das so ausdrückt: »Denn obwohl sie von Gott wußten, haben sie ihn nicht als Gott gepriesen noch ihm gedankt, sondern sind dem Nichtigen verfallen in ihren Gedanken, und ihr unverständiges Herz ist verfinstert. Da sie sich für Weise hielten, sind sie zu Narren geworden und haben die Herrlichkeit des unvergänglichen Gottes vertauscht mit einem Bild gleich dem eines vergänglichen Menschen und der Vögel und der vierfüßigen und der kriechenden Tiere. Darum hat Gott sie in den Begierden ihrer Herzen dahingegeben in die Unreinheit, so daß ihre Leiber durch sie selbst geschändet werden, sie, die Gottes Wahrheit in Lüge verkehrt und das Geschöpf verehrt und ihm gedient haben statt dem Schöpfer, der gelobt ist in Ewigkeit.« (Römer 1,21-25)